苏秦 著

小白经济学

中国友谊出版公司

图书在版编目（CIP）数据

小白经济学 / 苏秦著. — 北京 ：中国友谊出版公司，2021.5（2022.4重印）

ISBN 978-7-5057-5180-4

Ⅰ. ①小… Ⅱ. ①苏… Ⅲ. ①经济学－通俗读物 Ⅳ. ①F0-49

中国版本图书馆CIP数据核字(2021)第043694号

书名　小白经济学
作者　苏秦
出版　中国友谊出版公司
发行　中国友谊出版公司
经销　新华书店
印刷　唐山富达印务有限公司
规格　880×1230毫米　32开
　　　11印张　225千字
版次　2021年5月第1版
印次　2022年4月第3次印刷
书号　ISBN 978-7-5057-5180-4
定价　49.80元
地址　北京市朝阳区西坝河南里17号楼
邮编　100028
电话　（010）64678009

如发现印装质量问题，可联系调换
电话　（010）59799930-601

目 录

C O T E N T S

第三部分　无处不在的经济学

第四部分　金融的力量

第五部分　奇迹与危机

第六部分　经济学家爱吵架

序言

PREFACE

公元1824年，中国第一家票号“日昇昌”成立，中国金融业便开启了其辉煌的篇章。此后，晋商的商业资本激增至千万之巨，一时执华夏金融之牛耳，在其鼎盛时期，商业触角甚至延伸到了日本大阪、神户及众多阿拉伯国家。就其经营规模和资本额而言，已达中国传统商业的巅峰，其财雄势大，手可通天。

鸦片战争之后，大清国门洞开，大批欧洲的股份公司、现代银行纷至沓来，晋商、徽商所创造的辉煌票号、钱庄等中国当时最为先进的商业组织，在欧美商业势力面前几乎不堪一击，不到半个世纪就纷纷倒闭歇业，销声匿迹。

从范蠡到白圭，从五铢钱到交子，从钱庄到票号，曾经刻在中国体内的财商基因似乎在鸦片战争之后开始陷入沉睡。

21世纪的今天，历史来了个巧妙的轮回。中国，再一次以雄伟的姿态站在世人面前，自2010年中国GDP首次超越日本成为世界第二大经济体以来，中国经济一路高歌猛进，截至2019年年底，中国的 GDP 总量已接近日本的 3 倍。

2020 年三季度末，我国各类资产管理业务规模达到 56.17 万亿元，这些日益增长的巨量财富，正逐渐唤醒中国人对于财富管理的需求，财商逐渐成为智商、情商之外现代人的第三大基本素质。国内首份亲子财商教育研究报告曾指出，中国人的平均财商指数为 60.1，刚至及格线，与美国等发达国家相去甚远。

截至 2020 年 11 月，全球新冠肺炎确诊人数突破 6500 万，这一场全球性的大瘟疫让本就不好的全球经济雪上加霜、一路直下。2020 年 3 月初，美股罕见地在十天内连续四次熔断；日本政府也宣布东京奥运会推迟一年举行。

随后，许多公司陷入举步维艰，3 月，英国老牌支线航空公司 Flybe、美国 Compass、Trans States 三家航空公司陆续宣布破产，截至 11 月，全球已有 43 家商业航空公司破产。

这仅仅是个开始。随后，越来越多的知名公司进入破产清算程序，这其中包含全球租车巨头 Hertz、无印良品美国子公司、加拿大“国宝”太阳马戏团、中国出境旅游第一股百程旅行网、维密英国公司、美国“页岩油先锋”切萨皮克能源……

而中国在此次疫情面前交出了令人满意的答卷，以极高的效率控制住了疫情，快速实现复工复产。即便如此，这场大疫情对中国经济的影响依然不可小觑。

经历了“黑天鹅”事件频发的 2020 年，越来越多人的财富观念正在被改变，对于财商的需求也因此更加迫切，“懂经济、会理财”正成为现代社会的“潜在刚需”。

财商教育，归根结底是将知识内化为投资者的个人能力，从“知”到“识”需要一个过程。清华大学发布的《中国青年财商认知与行为调查报告》显示，近七成大学生认同学习理财的重要性，但现实情况则是学校财商教育缺位，导致虽有需要却索求无门。

而对于自学者，往往面临着专业经济学图书难度大、无法坚持学习的困扰。本书作者以诙谐有趣的方式，通俗易懂地讲述晦涩的经济学知识，并辅以案例和故事串联起各种知识点，极大地降低了经济学的入门门槛，尤其对经济学入门者来说，更是值得一读。

量子之歌集团创始人、启牛学堂CEO　李鹏

引子
经济学到底是个什么圈

1．因祸得福的小鲜肉

公元前 905 年，西周第八任君主周孝王为了防御少数民族西戎的威胁，决定开辟养马场，储备战马以增强骑兵实力。

在这期间，一个叫秦非子的人进入周孝王视线。秦非子特别擅长养马，业绩突出，周孝王龙颜大悦，于是下令赐予秦非子土地，其封地也自然而然成为周朝附庸国。这个拿到周孝王天使投资的创业国家，就是后来雄霸天下的秦国。

第一任 CEO 秦非子创业成功，又经过其后代 500 多年的苦心经营，到战国时期时，秦国已是国土千里、兵强马壮，一跃成为春秋战国最具潜力的国家，其并吞天下的野心也初见端倪。

公元前 389 年，此刻秦国集团的 CEO 是秦惠公，他继续带领秦国东进扩张，以期完成前辈们并吞天下的遗愿。此时，东进路上出现了一个新兴的强敌——魏国，其君主魏文侯起用李悝等人率先实施军政改革，国力大为增强，面对秦国的野心和威胁，魏国深知其对手绝非等闲之辈，多年来丝毫也不敢放松，一直厉兵秣马、严阵以待。

20 年前，魏国突袭秦国的西河地区赢得胜利，并设立西河郡，由名将吴起担任西河郡守带兵镇守。从此，该地区成为秦国东进道路上的绊马石，虽然此后秦国多次进攻，但都以失败告终。

这一次，秦国再次集结五十万大军，准备从魏国手里夺回河西失地。刚刚崛起的魏国在军事方面相比秦国依然处于劣势，面对秦国虎狼之师，刚刚登基的魏武侯令吴起带领五万步兵、三千骑兵、五百乘战车迎敌。

魏国于凛冽的寒风中列阵迎敌，双方大军对峙于阴晋(今陕西华阴市)，如果这一次秦国能攻下阴晋，收回西河郡，那么就能扫除并吞天下道路上的一个重要障碍。

吴起乃战国最著名的将领之一，其人不但足智多谋有运筹帷幄之略，而且还骁勇善战、胆识过人。他亲自披挂上阵，使三军士气大振。最后，魏军以五万人大败秦国五十万大军，赢得了“阴晋之战”，成为历史上以少胜多、以弱胜强的经典战役之一。

也正是在公元前 389 年，远在万里之遥，古希腊刚结束伯罗奔尼撒战争 10 多年。这场内战以斯巴达打败雅典而结束，战争不但结束了雅典的民主时代，也给繁荣的古希腊带来沉重一击。

而更为重要的是，这场战场导致了希腊奴隶制城邦的危机，整个古希腊开始由盛转衰。这恰好与中国春秋战国时期产生众多思想家的时代背景相同，正是在希腊这个这强弱交替的混乱时期，产生了苏格拉底、柏拉图、亚里士多德等无数璀璨闪耀的人物。

本书就从公元前389年这一年开始讲起。

那时，古希腊的首都是雅典，其发达的经济催生了大量的富人。但当时城里的富二代子弟没有跑车、酒吧、游艇等奢侈项目用以消磨时光，闲得发慌的富二代们急需一个精神释放出口。于是，雅典逐渐开始流行富二代跟随大师学哲学。

富二代流行学哲学，与今天对比看来，那真是一个极其美好的时代。当时涌现出很多哲学老师，其中，有个“最牛哲学班主任”叫苏格拉底，他在雅典拥有极高的威望，其门下弟子无数，尤其突出的是徒弟柏拉图、徒孙亚里士多德。他们一起被称为“古希腊三贤”，苏格拉底被后人广泛地认为是西方哲学的奠基者，是当时最有智慧的人。

苏格拉底面对人生的态度，颇有些像中国的庄子，其思想超脱、鄙视功名，向往一种本真、自由的生活方式。只不过庄子更喜欢欣赏大自然，蔑视礼乐道德，而苏格拉底则更看重精神文化的构建，如法律、道德、正义、真理等。

但好景不长，不久之后祸从天降。由于苏格拉底经常揭露雅典社会名流们的虚伪和短处，恼羞成怒的贵族名流突然指使三个市民出面对苏格拉底提出控诉，指控他不敬神灵和毒害青年。

随后，一个由501名雅典公民组成的陪审团成立。如大家所料，这个陪审团也是雅典的社会名流在背后操纵。陪审团在听取了双方的辩护和证词后，直接判定苏格拉底有罪，并处以死刑。

尽管苏格拉底曾获得逃亡机会,但他仍选择饮下毒槿汁而死，因为他认为逃亡只会进一步破坏雅典法律的权威。他说，自己作为雅典公民的一员，理应遵循契约精神，不应违背与雅典城邦签订的契约，如果私下逃走，岂不是伤害自己国家的律法？这显然不合道德和正义。

苏格拉底的这番话，让我们不难看出2000多年前西方圣贤对于法律的敬畏与尊重。这块土地上之所以能建立严谨的法制体系，和这些先贤们的原则和信仰有着莫大的关系。同时也不难看出，要想建立法制与秩序，不但需要时间，也需要每个人的实际行动，甚至以生命坚守。

在班主任苏老师遇害后，门下班委一个个怒不可遏，开始带领班上学生集体游行声讨政府，当权者同样把这些学生看成危险分子。最后，全班学生都被逮捕或流放，这些富二代一大半被遣送到荒蛮之地牧马放羊。

其中，一个叫色诺芬的学生运气不错，他被流放至到处都是六块腹肌男的斯巴达。当地妹子们对于本地特产肌肉男已经严重审美疲劳，反而对色诺芬这种只有一块腹肌、颜值在线的小鲜肉有极大兴趣。加之这哥儿们头顶着老师苏格拉底的七彩光环，很快就在当地混得风生水起。

不久，玉面小飞龙色诺芬很快就撩到当地一个富家女。这下他不但不再受流放之苦，反而还因祸得福，成功获得到了良田美宅、红颜佳人，少奋斗30年的他婚后便开心地吃起了软饭，过起了男耕女织的小日子。

按道理说，一个流放的人此刻应该非常知足，但面朝大海、春暖花开的色诺芬很快就有了烦恼，家里房产不少、良田无数，但收入支出账目比较混乱，而且自己媳妇花费貌似也没有节制。后院的家丁与丫鬟还经常合伙儿偷东西，家里牛羊成群却因为奸商捣鬼没有卖出好价钱，年迈的老丈人对于这些琐碎的管理已经力不从心。

于是，白吃白喝的色诺芬决定做点儿什么，以证明自己绝非吃软饭的主，于是他推开怀里的妹子，开始琢磨如何管理好这个庞大的庄园，让这个颇有根基的家业能够保值增值，以期自己的子子孙孙都有钱用。

色诺芬伏案努力几年后，将自己的想法、经验汇集成一本书，这本书的原名叫《家政论》，主要是论述奴隶主对生产、经营、财产的管理。他认为，奴隶主的主要任务除了吃喝玩乐，还应该管理好庄园的财产并使之不断增加。谁也不曾想到，这本书创造了一个接下来两千多年的热门词汇：经济。

这本书最早使用了“οικονομα”一词。在古希腊语中，这个词意思是指“家政管理”，也就是有关于家中“钱和事务”的管理。这个词后来在英文中逐渐演变成“economics”，翻译过来就是今天的“经济学”。

那么“经济”这个中文词汇是怎么进入中国人的眼中，并用来表达现代意义上的“经济学”呢？说起来还非常曲折。

1877年，日本结束了江户时代，开启明治维新大幕，日本人掀起了学习西方技术的浪潮，学术界大量翻译西方书籍。日本的经济学家神田孝平撰写自己的经济著作《经济小学》时，想引进西方的经济思想，但他看到“economics”这个词语时也有点发蒙，因为没有合适的日文词语来翻译这个词语，思来想去，他决定从中国古籍里引进一个汉语词汇，这个词汇就是“经济”。

“经济”一词来源于中国东晋时代葛洪的《抱朴子·内篇》，文中曰“经世济俗之略，儒者之所务也”。这里的“经世济俗”的原意是“治理天下，救济百姓”，神田孝平灵机一动，将“经世济俗”缩写为“经济”。

清朝末年，英文“economics”一词传入中国，众人也不知道如何翻译这个全新的词语，翻译家严复将之翻译成“生计”，孙中山先生认为这个译法不太准确。随后，孙先生经过再三考虑，直接从日本引进翻译成“经济”，其实在日文中，“经济”这个词语的写法与汉字繁体字一模一样。

“经济”一词从中国出发到日本，最后又从日本再回到中国，但此时已不是葛洪文章中的“经世济俗”之意，而变成了今天人们所理解的“经济学”。

事实上，不但“经济”一词从日本引进，“银行”这个词也是中国从日本引进的。日本近代著名企业家涩泽荣一在创立日本银行的时候，将“Bank”翻译成“银行”，中国后来也是直接引进使用。

这确实很有趣，日本文字在最开始完全从中国引进，随后发展出自己的特色，最后中国也开始从日文中引进词汇。世界文化的交融就这样毫无声息地进行着，每一种文化都深受整个世界文化大潮的影响和浸润。

2. 不会写诗的文艺青年

自从色诺芬同学提出经济这个词语后，他便开始自顾自地实践和完善自己的理论，在遥远的斯巴达继续管理他的豪宅良田、家丁和羊群。此之后的两千余年里，经济学跟熟睡一般毫无进展，究其原因，是因为这段时间全世界都比较忙。

中国从大秦帝国到东汉、西汉，然后一路狂奔到风花雪月的唐宋、晓风残月的明清，频繁地改朝换代，你方唱罢我登场，一幕幕宫廷斗争此起彼落，宜妃华妃太子妃、紫薇尔康容嬷嬷、皇帝和太监们真是忙得一天都没休息过。

而西方世界也忙得焦头烂额。公元前 323 年，千古一帝亚历山大英年早逝，去世时还不到 33 岁，亚历山大大帝在短短的 13 年时间里创下了前无古人的辉煌业绩。

亚历山大去世后，强大的亚历山大帝国分裂成三大王国：马其顿王国、埃及托勒密王朝、塞琉西王国。然后古罗马一路征战再度统一，后来，罗马又分裂为东罗马、西罗马，最后才慢慢出现了意大利、法国等现代意义上的西方国家，世界才逐渐形成现在的大致格局。

直到公元 1723 年，沉睡了 2000 余年的经济学，在一个英格兰新生儿的啼哭声中再次苏醒。这个孩子叫亚当 · 斯密，名字跟偷吃上帝苹果的那个亚当一样。

亚当 · 斯密出生在苏格兰一个海关官员家庭。他骨子里是一个文艺青年，17 岁就考上了牛津大学，优秀的学习成绩、善于思考的习惯让他从小就天赋异禀、异于常人。

文艺青年都比较在乎仪式感。在怎么去牛津报到这件事上，他居然也能纠结很久。考虑了多种交通工具后，他最终觉得还是骑马最文艺。于是他选择孤身一人，穿着苏格兰方格小花裙，骑着马慢慢悠悠去牛津报到。

苏格兰男人是非常爱穿裙子的，而且不同布料的材质和方框组合代表了不同的家族文化印记。当年英国刚殖民苏格兰时，觉得男人穿裙子显得有点不优雅，于是下令禁止苏格兰男人穿裙子。

但这怎么行，苏格兰男人怎么可能放弃自己可爱的方格小花裙裙呢？他们居然为此浴血抗争了 30 多年，最后英国政府傻眼了，没搞明白原因，不得不废除这条法律，让他们穿着裙子继续浪。

而且，按照苏格兰风俗，男人穿裙子是不能穿内裤的，可以想象，亚当 · 斯密这样骑在马上也是别有一番温度的。当然，这么好看的花裙方格子中国人也不会放过，苏格兰方格子传到中国后，逐渐演绎成了今天程序员圈子的标配：方格衬衫。

进入大学的亚当 · 斯密一直希望自己能成为一位有名的诗人。他非常喜爱押韵诗，但遗憾的是，自我要求严格的斯密一生都没有创作出一首像样的押韵诗，在文学领域苦苦挣扎的他心态有点快崩了，因为看起来诗人梦想遥不可及。大学毕业后，斯密在爱丁堡大学担任讲师谋生，主讲英国文学。

时光荏苒、岁月流转，斯密有点儿忧伤，因为他觉得自己的生活里既没有诗歌，好像也没有未来和远方。

中年危机很快就到来了。他觉得既然写诗没有前途，那不如转到其他学科试试吧，于是这个人到中年才发现选错专业的亚当·斯密，为生活所迫开始转行研究经济学。

这一年，他已经45岁，此后他闭关数年苦学修炼，逐渐在经济领域崭露头角。越来越自信的斯密，决定像两千年前的前辈色诺芬一样，将自己的研究成果汇集成一本著作。

要不说他始终是文艺青年，写不好诗但写书的速度却非比寻常。他只用了6年时间便完成了第一本著作的草稿。

但文艺青年亚当·斯密看完初稿，自己还是觉得不太满意，决定再假以时日修改打磨。据说当时他正跟一名女青年来往密切，在一次写情书时，误将自己的经济学书稿递给那名女青年，虽然姑娘看得一头雾水，但她身边有个朋友却非常识货。巧合的是，这哥们儿刚好是当地一位精明的出版商。

这位出版商大叔敏感地意识到这可能是一本前所未有的好书，于是他想法找到了斯密，提出要出版这本书，但斯密似乎一点儿也不着急，又花了3年时间慢慢润色、修稿，这才撩了撩自己的苏格兰小花裙，走出了书房。

9年时间，斯密终于完成了他的第一部大作，那位出版商也如愿签下了版权，并在1776年3月将这本书出版，这就是震惊世界的经济学巨著《国富论》。

此书一经出版，英国本土、欧洲大陆、北美等地都为之疯狂。这是人类历史上第一本系统论述经济学的书籍。这部著作标志着古典自由主义经济学正式诞生，堪称西方经济学界的“圣经”，亚当 · 斯密也因此被称为“现代经济学之父”。

这一年，是人类历史上极其重要的一年，当年发生的三件大事，深刻地改变了此后几百年的世界格局。

1776 年 1 月，第一款蒸汽机量产，人类从此进入蒸汽时代。

1776 年 3 月，亚当 · 斯密发表《国富论》，奠定了现代经济学基础。

1776 年 7 月 4 日，美国宣告独立，经过两百多年发展，成为世界第一强国。

而这一年中国发生了什么呢？

1776 年 11 月 16 日，65 岁的乾隆下令，组织以纪晓岚为首的 300 人团队编撰《四库全书》，对中国古典文化进行了一次最系统、最全面的总结。但也是这个乾隆皇帝，从这一年开始，让中国文化付出了惨重的代价。

乾隆年轻时英明神武，不但爱悄悄出差下乡尝尝美食、勾搭妹子，还能够减税赋、重农业、平定叛乱。但后来就开始有点糊涂了，他认为凡是对清王朝专制不利的书籍都必须焚毁，于是，清朝政府开始了大规模的书籍焚毁运动。

仅浙江一省，在 1776 年之后的 6 年时间里，就毁书 24 次，毁掉书籍有 583 种 13862 部。乾隆帝在位期间，全国焚毁的书共达 70 万卷。

乾隆不但焚毁书籍，还下令对部分书籍、历史、档案进行篡改，对前人涉及描述契丹、女真、蒙古、辽金元的文字都大幅度篡改，特别是对于明朝历史的修改更是前所未有。这给今天的历史考证造成了极大的麻烦。

西方在发展科技、完善经济、构建法治体系，清王朝在闭关焚书、篡改历史，中西方之后100多年的发展趋势和国运从此开始分道扬镳。但乾隆不知道，历史可以篡改，却无法改变大清王朝的气数。

这一年，距离鸦片战争战败投降、割地赔款、签订中国第一个不平等条约——《南京条约》，仅仅相隔66年。

3. 名利双收的富二代

自从亚当 · 斯密出手之后，经济学领域就彻底沸腾了，从此，经济学就一路高歌再也没有踩过刹车。

无数年轻人读完《国富论》之后对斯密路转粉，亚当 · 斯密也一跃成为18世纪最早的一批网红，据说当时粉丝的长队能从伦敦排到柏林。这些粉丝非常有内涵，他们既不去要签名也不去堵机场，纷纷化爱慕为动力，前赴后继地投入经济学研究之中。

第一个闪耀登场的铁粉是一个富二代小伙儿。

这个人叫李嘉图，1772年出生在英国一个犹太家庭，他父亲是一个证券交易所经纪人，受到父亲影响，他12岁就被父亲送到荷兰商业学校学习，14岁回到英国随父从事证券交易。

智商超群的犹太人在金融和艺术领域简直如鱼得水，25岁时，李嘉图就赚到人生第一个200万英镑资产。如果以200多年前的黄金计价，那么这笔财富大约相当于现在的50亿元人民币。

李嘉图，听这名字就非常有土豪的气质，像极了富豪李嘉诚的哥哥，看来李家的“嘉”字辈孩子都比较牛，擅长商业经营。

这么年轻、聪明、有钱的高富帅青年，在经历了终日骑马射箭、周游世界、吃喝玩乐后，感觉这种花钱消费、灯红酒绿撩妹子的日子是一件特别无聊的事。这一切已经让他无法感知到快乐，他决定寻找一种更加富足的精神爱好。

他开始尝试在数学、物理学、经济学等领域寻找生命的乐趣。1799年的一个午后，27岁的李嘉图偶然读到了《国富论》，瞬间就被强烈地震撼到了，如同一个充满雄性荷尔蒙的少年第一次读完《金瓶梅》一般。他感觉一直以来回旋在脑海中的困惑和蠢蠢欲动的思维，仿佛都能在这本书中找到答案。

于是，这个年轻的富二代决定集中所有精力研究经济学。他开启了红袖添香夜读书的模式，这一研究就是18年，他也出版了自己的经济学著作《政治经济学及赋税原理》。他在书中不但系统论述了自己的劳动价值论、价值分配观点，还批评了自己偶像的《国富论》中关于价值论的一些错误看法。

这个半路出家的富二代李嘉图技惊四座，一不小心就超越周围无数研究经济学的人。这本书被誉为继亚当·斯密《国富论》之后的第二部最著名的经济学著作，经济学史上一部真正的辉煌巨著，标志着英国古典政治经济学正式构建完成。

当然，李嘉图并不是一个迂腐的书呆子。这个富二代不仅爱写书，还积极参加社会活动来验证自己的政治经济学观点，甚至最后还当选上议院议员，可谓文武双全、名利双收。

但遗憾的是，这个富有、个性、意气风发的经济学家英年早逝，去世时才 51 岁。李嘉图虽然完成了政治经济学的基础构建，但依然不够完善，还需要一个更牛的人来不断完善这个庞大的政治经济学建筑。

这时候，大家熟悉的德国人马克思开始登场。与李嘉图完全不同，马克思则是由一个小报记者成长起来的寒门弟子。他因为言论被各国驱逐，一辈子颠沛流离，混乱中不但练就了一身生存本领，还顺便看穿了腐朽的资本主义社会的本质。

在一生的奋斗和抗争中，马克思写出伟大的《共产党宣言》，为无产阶级指出了奋斗的方向。而且，他还在流浪伦敦时期，写出了经济学大作《资本论》。

《资本论》的全称是《资本论：政治经济学批判》，看名字就非常犀利。在这本书中，他在李嘉图的理论基础上，第一次实现了政治经济学的根本革命，为政治经济学的发展做出了划时代的贡献。

《资本论》得出了一个结论：万恶的资本主义只是个过渡，将来确定、一定、肯定会灭亡，而人类发展的终点是共产主义社会。

1883 年 3 月，马克思在伦敦寓所辞世，《资本论》的后两卷由恩格斯整理其遗稿出版。

4. 剑走偏锋的学霸男

就在马克思去世两个多月后，1883 年 6 月，一个叫凯恩斯的小朋友在英国出生了。

凯恩斯祖上是英国贵族，他父亲是剑桥大学政治经济学讲师，母亲则是一名社会改革家。这个凯恩斯从小就是个学霸，读书时数学大奖、剑桥奖学金等各种奖拿到手软，妥妥地是大家眼中“别人家的孩子”。

结局有点意外，学霸凯恩斯最后获得的居然是一个文学硕士学位。但毕业后不久，他忽然发现自己其实对经济学更有兴趣，于是就决定留校一年继续攻读经济学，从此便一发不可收拾地杀入经济学领域。

也不知道那些年文学界到底发生了什么，如此不景气到留不住人才，亚当 · 斯密、凯恩斯等人纷纷从文学领域转战经济学领域，文艺青年开始组团抢经济学专业学生的饭碗。

1921 年，38 岁的凯恩斯担任全国互助人寿保险公司董事长，相当于今天中国人寿保险公司董事长职位。同时，他还被选为英国科学院的院士，要知道当时能获得英国科学院院士的人可是寥寥无几。

从学术到商业，他是一路开挂毫不含糊。当然，如此优秀的人，身边的女朋友也是一大群。嗯，这个嘛，对于这种缺乏道德的腐朽的资本主义行为，大家千万不要模仿。

所谓时势造英雄，所有伟大人物的产生，都必然有一个恰逢其时的舞台。这次给予凯恩斯的机遇和舞台，是 1929 年爆发的世界历史上最严重、最持久、最广泛的“大萧条”时代，全球经济大危机，失业严重，民不聊生。

此时，传统经济学方法全都失效，均无法扭转大萧条的颓势，各国首脑多次召集经济学家华山论剑，但争来吵去也毫无结果，因为当时的经济学理论都无法解决危机。

正在绝望的经济学大咖们集体沉默的时候，年轻的凯恩斯站了起来：要不，让我来试试？

大家目光不约而同地转向这个留着小胡子的年轻人，他站起来侃侃而谈自己全新的经济理论。在发言的最后，他说，在场各位的经济理论方法都已经过时了，请耐心等待我给这个萧条的世界开个新方子吧。说完，便拉起他坐在身边的芭蕾舞美女太太，在一群人目瞪口呆中离去。

接下来，凯恩斯躲进书房，撇开了美女太太和他的那一大群女朋友，闭关研究应对大萧条的方法。

功夫不负有心人。1936 年，53 岁的凯恩斯迎来人生巅峰，他出版了拯救这个大萧条世界的著作：《就业、利息和货币通论》。

凯恩斯此刻如同经济学领域的风清扬。他研发出一套与现有经济学理论完全不同的“独孤九剑”招式，招招都否定传统经济学理论，但每一招在当时都极为有用，让传统经济学前辈目瞪口呆却又无力反驳，可真是“乱拳打死老师傅”。

凯恩斯还创立了一门新学科——宏观经济学，这一波操作被行业称之为“凯恩斯革命”。《就业、利息和货币通论》如今与《国富论》《资本论》并列为经济学史上最伟大的三本著作。

他开辟的“宏观经济学”与弗洛伊德的“精神分析法”、爱因斯坦的“相对论”，并称为20世纪人类知识界的三大革命，被后人称为“宏观经济学之父”。

他开出的这一剂良方，其实也不算太复杂。他主张政府应该出手干预市场，比如采用减税、降息等多方面政策，以稳定物价、提高就业。

凯恩斯这一主张很快受到各国政府的欢迎，因为在他的理论中，政府主导权会变得更大。事实证明，他的理论确实为拯救当时的经济大萧条起到了关键作用。

今天，大学开设的宏观经济学就是他开创的新学科，大家在新闻中常听到“上调基准利率”“降准”等许许多多词汇，大部分出自这个不修边幅、有一大群女朋友的学霸花心男所创立的宏观经济学。

但他提出的“政府主导市场”理论，与亚当·斯密提出的“遵守市场规律、政府不应干扰”的自由经济主义理论背道而驰。直到今天，这两个理论支持者依然还在不断争辩。

《美国展望》上的一篇文章说：“凯恩斯是有史以来最性感的经济学家。虽然在人们的印象中，他是一个邋遢、几乎秃顶的男人，留着小胡子、目光迷人的凯恩斯其实是一个很时髦的人。他有许多情人，娶了当时的大美女——芭蕾舞演员莉迪亚·洛普科娃。”

学霸花心男凯恩斯有句谜一般的名言：“从长远看，我们都已死去。”到底是什么意思，至今解读还存在着争议。

看来，混进经济学圈子也没那么难，这些软饭前辈、文艺青年、富二代、花心学霸男等各路人马都纷纷都转行成功。当然，还有许许多多为经济学做出巨大贡献的人此处已无法赘述，所以，如果你坚持努力，说不定下一个经济学家可能就是你。

小白经济学

第 一 部 分

货币的千年沉浮

它是空气，是水，是阳光，是陪伴人一生的东西。

它阳光，成就了一切的一切，让自由成为自由，让财富成为财富。

它冰冷，定义了今天的格局，让欲望成为欲望，让战争成为战争。

——纪录片《货币》

第一章

货币的决斗

1．衡山之谋

2700多年前，中国出现了一个自学成才的经济学高手，由于这个人政治能力太过于出色，以至于人们几乎忽略了他领先的经济思想。事实上，他比亚当·斯密还早了2500年；而且，他还是中国第一个完美发动货币战争的人。这个人就是春秋五霸齐桓公的国相管仲。

这个老丞相本是齐桓公弟弟公子纠的谋臣，齐桓公曾经与弟弟争夺君主职位，大打出手。

管仲就是帮助他弟弟的谋臣，而且还用弓箭射伤过齐桓公，齐桓公不但没有记恨，反而重用管仲为相。不得不说，齐桓公的气度和胸怀是他成就大事的关键。

公元前685年，管仲任齐国国相，在他主导的一系列改革下，齐国国力日益强盛，称霸蓝图呼之欲出，但在齐、鲁两国之间隔有一个衡山国，有点强迫症的齐桓公总想把它抹平。

因此，齐国跟衡山国的关系一直都很尴尬，再加之齐桓公早就想要攻打物产丰富的鲁国，所以挡在前面的衡山国，自然就成了齐桓公眼里的绊脚石。

衡山国盛产兵器，是春秋战国时期的钢铁制造明星国家。当时有“衡山利剑，天下无双”的说法，可见衡山国的兵器制造技术在当时堪称天下第一。

所以，即使衡山国军队不是太强大，要攻打衡山国也有难度。所谓“功夫再高，也怕菜刀”。要是硬攻这个盛产利刃的国家，完全有可能随处遭遇手持削铁如泥神器的菜刀游击队，即使最后打赢战争，齐国自己损失也肯定不小，所以管仲认为：“不可硬攻，只可取巧。”

于是，管仲为齐桓公定下一计，管仲先派人到衡山国以高价收购其制造的兵器。周围燕、赵、鲁、梁等国一看齐国这个举动有些诡异，觉得有点儿不对劲，心里就开始琢磨：怎么齐国忽然开始收购大量兵器，难道是想攻打我们？不行，我也得买武器防着你。

随后，剧情就有点像当年的“美苏争霸”游戏：你美国研究导弹，我苏联也研究导弹；你美国研究核潜艇，那我苏联也研究核潜艇。于是，燕、赵等国紧跟其后开始行动，与齐国一样开始大量收购衡山国兵器，甚至秦国都开始心慌慌了，也跟着大节奏不远千里、翻山越岭来到衡山国，一起加入收购武器的团购队伍中。

一时间，衡山武器被天下各国抢购，订单开始暴增，天天都是“双 11”，这可乐坏了衡山国君。他下令将武器价格提高 10 倍，虽然大家对衡山国这种坐地起价的行为有点鄙视，但依然没有减少他们下单的热情。

看着订单还在继续暴涨，有点小骄傲的衡山国君再次下令，命令全国农民立刻停止一切农业劳动，都加入生产铁器的队伍中，连夜生产武器，一幅炼钢铁、挣外汇、发大财的火热钢铁大跃进场面。

就这么进行了一年多后，管仲开始进行第二步计划。他派一个叫隰朋的人去隔壁赵国高价收购粮食，当时赵国粮价为每石 15 钱，齐国却出价 50 钱收购，这几乎是市场价格的 3 倍多，于是，赵国人奔走相告：“快来人哪，人傻钱多的齐国来收粮了。”

高价买武器、买粮食，看来搞战争谋略还得有钱。面对高价诱惑，这些包括衡山国在内的其他国家毫无抵抗力，纷纷都卖武器、卖粮食给齐国。

就在各国在家开心数钱的时候，齐国却突然宣布封闭关卡、全面停止收购粮食和兵器。大家都有点发蒙，谣言四起。

衡山国最先发现不对劲。一天清晨，睡醒的衡山国人猛然发现齐国大军已经压境，衡山国的人不得不临时组织军队抗敌。

但是，如果跟齐国长期打仗，则需要大量军粮，而此时衡山国全民玩打铁，农田荒废许久，库房也没有太多存粮。于是，他们转而去隔壁赵国买粮食，结果发现赵国的粮食大部分也早已卖给齐国，余粮仅够自保。

而且，此刻衡山国兵器也都卖得差不多了，钱倒是赚了不少，但这仗可就没法打了。于是，手无寸铁、仓无余粮、满屋钞票的衡山土豪们，只得向齐国举手投降。

完成并购衡山国之后，齐国开始逐步出售前期大量收购囤积的粮食。而此刻衡山国已经变成齐国的一个郡，那里有钱的衡山土豪们早就饥肠辘辘，赶紧拿出前期卖兵器的钱，高价抢购粮食。

可能大家也看出来了，经过一番操作，最后钱又回到齐国国库，不但没亏钱反而赚了一大笔，更为重要的是还成功收服了一个国家。

看看，管仲兵不血刃，仅仅让货币流转了一圈，就轻易收购了衡山国，这就是中国历史上最早的货币战争，历史上称之为“衡山之谋”。这次货币战记录在管仲的著作《管子 · 轻重戊》中。

在“衡山之谋”中，管仲以高价诱使敌方放弃农业，追求兵器产业的畸形利润，最终造成敌人经济瘫痪而不得不投降。此后5年中，管仲如法炮制，用类似的货币战争，将楚、鲁、代、吕等国操控于股掌之间。

2000多年前中国的实战派经济学家管仲，完美演绎了世界上最早的货币战争，以此告诉人们：货币，也可以是强大的武器。

2．奇特的货币

距离中国福建省2600多公里，有一个小岛名叫雅浦岛。雅浦岛位于太平洋板块与菲律宾板块交界处，是太平洋西部加罗林群岛中的一个岛，面积 100 平方公里，人口约为 1.1 万人。

这是一个特别神奇的小岛，这里的人买卖东西不用黄金白银，也不用纸币，更不是刷微信和支付宝，而是将岛上的石头当作货币。所以，他们用的货币，那是相当有分量。

这种岛内的通用货币“石头币”小的直径约 30 厘米，大的直径达到 4 米之长，轻则几公斤，最重则可以达到 5 吨，这些当地特有的石币被人称为“Fei”。

这些石头币是特地从隔壁 400 里远的帕劳岛上运过来的。这些坚硬的石灰岩被切割成大小不同的石块，岛民用竹筏渡海运回雅浦岛。可能你会认为这样的钱非常不方便，但当地人似乎没有这种困扰。

他们把每个“石头币”中间打个孔，需要交易的时候，就找几个棒小伙，用一个大木棒穿过这些石头中间的孔，浪里个浪就给抬过来了。

如果对方的石头钱实在太重，比如说重达几吨的那种，他们就干脆不把钱拿走，石头依旧放在买家的门口，等到下次用的时候，再转交给第三方就好了。

而第三方也可能还是放在原地并不拉回家。比如娶一个“岛花”级的姑娘，需要的钱币重量大约是 20 吨，女婿就把几块大石头作为聘礼指认给老丈人就好，老丈人用涂料做点标记，就算礼金交接完成。

所以，岛上大部分超重型石头钱币，其实一直以来就没有挪过地方，很多年后还在原处，但岛上的贸易却没有因此而受到影响。

那些平时能搬来搬去的石头，差不多相当于居民的零钱。

当地的村民给我讲了一件有趣的事：当年有个美国人，看到岛上石头货币比较少，于是出于好心就拉来了一船石灰石，这下钱的数量一下子暴增，但是岛上的农产品却没有增加，这下可不得了，造成了全岛一次大面积通货膨胀。

这个案例虽然小，但现代社会无论多么复杂的国家的通货膨胀，其原理跟这个案例如出一辙。

所以，现在岛上居民只要发现有运货的大船进岛，都格外警惕，会派专人一直跟踪，看是不是在岛的某个隐蔽角落擅自放下石头，也就是预防你悄悄“印钞票”，以免造成通货膨胀。

在雅浦岛，石头可以成为货币，而在其他地方，也可能是另外一种物品成为货币。

第二次世界大战期间，数以百万计的俘虏被送到战俘集中营，战俘营基本和外界失去联系，士兵之间的物资交易非常麻烦。

比如，某个士兵手里有个罐头，他想换一块肥皂，但一盒罐头可能价值三块肥皂，而对方此时只有一块肥皂，这时候你不可能把罐头切成三段，因为对方并不想马上吃掉这个罐头，而是希望保留到以后再吃，不能挖出三分之一的罐头肉给对方。因此，罐头作为货币有点儿困难，因为它实在不方便分割。

最后，他们终于找到可以作为货币的东西，那就是香烟，因为香烟以根作为单位，比较方便计数。据说这个传统一直保留到现在，在美国如今的许多监狱里，依然采用香烟作为货币。

为什么囚犯最后使用香烟作为货币，而不是肥皂、巧克力、水果或者其他东西呢？从理论上来说，只要大家都认同的任何物品都可以做货币，而不管是何种物品，但在实际操作中，还需要有所选择。

比如，如果选择了冰糕作为货币，那么有可能在一个夏日的中午，当你大梦初醒后，发现存款居然全都蒸发了；如果你选择泥块作为货币，在几经转手后，你会发现钱可能就剩下一点点了。

事实上，雅浦岛上的石头货币也会有问题。如果这种货币仅仅在岛内流通还能勉强应付，但如果雅浦岛老孙家的孩子今年要娶媳妇，对象是德国老米家的女儿，需要把彩礼送上门去，而彩礼是一块4吨重的石头币。试想一下，这上万公里的距离，恐怕等彩礼抬过去了，老米家的小姑娘也成了老姑娘了。

那么，什么样的东西才是最好、最完美的货币呢？

要想成为一种方便保存、方便携带、长久流通的货币，还真是有条件的，不是随便一种物品就能胜任。这种物品起码需要满足以下五个属性：

1. 非常稀少。如果随处可以得到，那就会没有价值。

2. 质地坚硬。如果不够坚硬，用着用着就可能磨损掉。

3. 易于分割。方便造出各种不同面值的钱。

4. 易于保存。方便相当长的时间内使用，而不会消耗腐烂掉。

5. 易于携带。这是为了方便跨地域的贸易、旅游等活动。

对照上面的特点，就会发现一个有趣的现象，历代所有的货币几乎都在朝着这五个因素靠近，无论使用何种新技术，也只是在不断靠近、满足、提升这五大要素。

古代从贝壳到黄金、白银，看起来是进步了很多，但黄金、白银还是偏重，不方便携带。

于是，人类进一步发展到纸币时代，看起来是比金银铜钱方便了许多，但钱如果足够多之后，大量的纸币依然存在沉重、不方便携带的问题。

然后，人们发明了银行卡、信用卡，这下让货币在重量方面得到了极大改善。但今天的人们，依然觉得银行卡和信用卡携带比较麻烦，于是就出现了微信、支付宝等电子支付方式，这一系列的技术革新，无不是在将这五个因素推向极致。

当然，微信、支付宝依然还不是最终状态，因为电子支付也有缺陷，需要人们随时带着手机，而且手机还需要保持有电状态。这对于今天的低头族来说，随时有电也是一件难事。

所以，货币还需要继续向前发展，直到有一天实现指纹付、刷脸付，才会使这些问题得到彻底解决。

3. 钞票变“武器”

1918年11月，第一次世界大战结束，德国宣布投降并签署了《贡比涅停战协定》。在条约中，德国需要向战胜国支付 1320 亿德国马克的战争赔款，价值相当于当时 9.6 万吨黄金。

对于当时战败的德国，这可是一笔根本无力偿还的巨款，濒临绝境的德国人憋出了一个自以为是的好办法，不就是让我还钱吗，我直接印钱给你就好了。于是，德国决定通过发行货币的方式来筹集战争赔款。

随后，德国政府下令开动印钞机，源源不断地印出德国马克，但此时德国产出的食品、工业品等物品数量没有增多，直接印钱只会导致钞票单纯变多，其物价肯定会上涨，就跟前面讲到的雅浦岛上凭空多出的石头一样。

不出所料，从 1922 年 1 月起，物价就开始以德国人目瞪口呆的速度上涨。全体德国人民都被震撼到了，德国所有的人长这么大也没有见过物价上涨的速度有如此快过。

1922 年 1 月，一份报纸售价 0.1 马克；1923 年 11 月，仅仅过了一年多，同样的一份报纸的价格是 7000 万马克，一年时间物价上涨了 7 亿倍。

于是，德国工人的工资不得不采取一天发两次的方式，因为早晚物价完全不同。上午 300 亿马克还能买一套房，到了晚上有可能只能买个面包，晚上一口吃掉上午一套房。

面对如此疯狂的通货膨胀，德国的人民全都处于一种惶惶不可终日的状态，缺乏安全感的人们开始想方设法移民，被迫离开德国另谋生路。

可见，一个国家要想富有，绝不是直接印钱就可以达到的，盲目地印钞只会导致国家通货膨胀，带来更大的经济灾难。

读到这里，一定有聪明的读者会想到，既然管仲都可以发动货币战，那么能不能通过多印敌国的钞票，让这个国家产生巨大的通货膨胀，继而摧毁这个国家的经济呢?

答案是可以的,而且历史上还不止一次有国家用到这个方法。

美国独立战争期间（1775—1783），英国感觉自己有可能打不过美国，于是英国国王乔治三世下令，大量伪造北美货币“大陆券”，以此来扰乱北美当地经济秩序。结果，一批批足以乱真的假钞大量流入北美，造成当时北美物价通胀，市场一片混乱。

1789 年的法国大革命时期，造假老司机英国再次显露出惊人的造假天赋，在法国眼皮底下，伪造发行了法国教会的“地产券”，造成法国物价飙升。

第一战世界大战期间，英国故技重施，大量印制克朗货币，使得奥匈帝国银行乱成一片，英国则乱中取利。

1939 年 9 月 1 日，“二战”爆发，各国都被英国这个造假专业户搞怕了，纷纷把“防假钞”提高到国家战略层面。但这些国家又想用这个方法对付敌国，于是，一面防止别人造假，一面又想自己造假，成为当时非常有意思的现象。

但依然防不胜防，英国这个贼心不死的造假大王果然不负众望，再次提高造假技术，大量伪造了奥匈帝国、德国、土耳其等国家的钞票，再次扰乱了这几个国家的市场秩序，一波又一波操作搞得这些国家心有余悸。

1937 年，日本全面侵华后，也印制了 45 亿元中华民国钞票，用假钞从国统区购买紧缺战略物资，导致国统区货币大幅度贬值，甚至一天贬值两三次，造成严重的通货膨胀。

国民政府决定以牙还牙，于是联合了美、英造币公司伪造日元，由于英国、美国在“二战”时期是中国盟国，自然乐于帮这个忙。就这样，造假鼻祖英国提供技术指导，美国提供先进的印钞设备，国民政府制造的假日元就源源不断地生产出来了。

随后，国民政府制造的假日元投入使用，在日占区大量购买日本黄金、棉纱、布匹、医药品等紧俏物资运回后方，日伪政权开始感觉到紧俏物资越来越少，通货膨胀越来越厉害，直到最后才发现这一切是假日元所致。

到了当代，绝大部分国家都有更为高级的防伪措施、流通机制，靠印刷敌国货币来打击对方的路子已经很难起到作用，所以，就连经常手痒的英国现在也很少使用这种方法了。

由此可以看出，印钱并不能让一个国家变得富有，而且还可能酿成大灾难。那么，这里有个疑问，一个国家每年要印多少钱才是合适的呢？这里先保留这个问题，在后面的章节中，我会进一步解读这个问题。

4. 大龄剩男牛顿

牛顿一直没有女朋友，你可以先替他心疼三秒，其实他也曾有过两次机会，不过这个理工男都一直没有把握好。

第一次是在牛顿读大学期间的暑假，他爱上了美丽、聪明、好学的表妹，表妹也很喜欢这个学问渊博、见识非凡的表哥，两颗年轻的心看起来很快就将靠在一起，但这时候暑假结束了，牛顿不得不去剑桥上学，于是两个人依依不舍地分开了。

没想到的是，牛顿回到剑桥后，由于完全沉浸在科学研究中，居然把爱情抛在九霄云外。几年后，牛顿在一次工作之余才猛然想起这件事，想起在那个暑假里相遇的小表妹，但联系到表妹后他大失所望，因为表妹以为牛顿无意于她，早已嫁作他人妇。

有了第一次的惨痛情感经历后，他决定向一位自己心仪已久的姑娘表白，但这一次也不太顺利。在约会期间，牛顿可能又在思考微积分之类的科学问题，结果现场气氛再次跑偏，走神的他居然拿姑娘的手指去掏自己燃着的烟斗，姑娘痛得大声惨叫、花容失色，回家后直接拉黑了牛顿。错过多次机会的牛顿最终放弃了结婚的念头，终身未婚，而是把心思都放在科学研究上。

1665 年，伦敦突然暴发了一场前所未见的大瘟疫，其规模当然比不上 2020 年全球暴发的新冠病毒，但是由于当时的医疗条件所限，其影响程度依然很大。

为了保护师生的安全，剑桥大学决定临时遣散学生，让他们回乡下避难。无奈之下，牛顿只好回到伍尔索普村，并在那里进行了 18 个月的避难和科学研究，大家熟知的“苹果落地”的故事，就是在这个村子里发生的。

那 18 个月时间成了科学史上一段永恒的传奇，因为在那短短一年半时间里，牛顿几乎靠一己之力开创了三门影响深远的学科：微积分、力学、光谱学，横扫整个科学界。

很多人知道牛顿发现了“万有引力定律”，对于物理学有着无法估量的贡献，却很少有人知道牛顿对金融同样做出了巨大贡献，甚至间接助推了大英帝国的崛起。

1689年，英国刚刚结束了光荣革命，建立起议会权力超过君主权力的“立宪君主制”，这一制度的产生对英国产生了深远的影响，也让英国逐渐强大起来。

1696年，英国正在全世界持续征战，庞大的军费开支让政府欠下巨债，英国政府决定重新铸造货币，借此解决债务问题。这其实相当于政府发行新货币，只不过当时都是金币，而现在是纸币罢了。

这次铸币事件，引起了历史上著名的大辩论，辩论的双方是英国财政大臣威廉和英国著名哲学家约翰。他们就铸造货币问题而剑拔弩张，争论焦点是新铸货币含金量的问题。

财政大臣威廉认为：“货币就是一个工具，用什么材料、含金量多少都不重要，只要货币上面有国王的印章即可，即使用一块铜、一块铁都一样有效果。”所以，他建议将铸造英镑的黄金含量降低到75%，其余的25%用其他材料代替，这相当于新的货币比以前的金币平均贬值了25%。也就是说，相同重量的黄金，可以铸造更多的钱。

但哲学家约翰公开反对这种方案。约翰认为：“真正的货币必须成色十足，不能掺假，降低含金量后，虽然相同数量的黄金可以铸造更多金币，但这种拙劣的手段会降低政府公信力，长期来说利大于弊。”也就是说，约翰认为这种行为是造假，如果造假，英镑的公信力就会降低。

两人争论非常激烈，开始从金融层面逐渐演变成伦理道德层面的争论。英国国王最终决定支持哲学家约翰，要求金币不能降低含金量，必须用 100% 的黄金铸造货币，以此来维持币值稳定。

其实，这并不是英国国王多么英明睿智，而是他背后另有高人支招。这个让国王果断做出决定的人，正是那个没有女朋友的单身男牛顿。

那一年，50 多岁依然单身的牛顿已经在科技方面登峰造极，无人匹敌，他发明发射望远镜，发明微积分，发现光的组成之谜，发现万有引力定律，功成名就之时，作为一个有着强大经济基因的英国人，他觉得金融行业还比较落后，决定亲自改造一下金融领域。

1696 年，牛顿暂时放下了物理学研究，通过当时的财政大臣查尔斯的提携和推荐，出任英国皇家铸币局主管职位，开启了下半生的传奇金融生涯。

虽然他帮助国王做出了金币不掺假的决定，但前不久财政大臣威廉和哲学家约翰两个人在议会上对撕的场景让他记忆犹新，于是他决定想一个更好的办法，来避免类似的辩论场景再次出现。

其实，当时并不只是英国存在这样的困惑，全世界的货币情况也是一团混乱。有些国家用黄金做货币，而一些国家用白银做货币，有的国家用 100% 黄金铸造，有的国家却在里面掺杂了一部分铅，这导致全世界的货币质量参差不齐。

当时海洋贸易增长速度非常快，这就不可避免出现了一些严重的问题，特别是在两个国家之间交易时货币兑换相当麻烦，双方货币的兑换比例如何确定非常困难，这在一定程度上严重影响了国家之间的贸易效率。

英国国王希望牛顿能够想出一个更好的办法，彻底解决货币铸造、各国货币兑换比例这个问题。于是，牛顿做出了一个大胆的决定，他提出干脆放弃白银铸币，让黄金成为唯一的货币标准，而且，让黄金和英镑的兑换锁定为一个固定数字。

就这样，影响世界金融界一百年的“金本位制”，在一个物理学家的手里诞生了。所谓“金本位制”，就是设定 1 盎司黄金 =3 英镑 17 先令 10.5 便士。

然后，其他国家的货币与英镑进行比较，根据自己国家货币含金量的多少，最终确定这个国家的货币与英镑的兑换比例，这就形成了一个初步的“全球货币汇率体系”。

举个例子：分别拿出 1 英镑和 1 德国马克两枚硬币，如果两者里面的含金量完全相同，那么它们的汇率就是 1 ∶ 1。如果 1 德国马克硬币里面的黄金含量只有 1 英镑的一半，那么英镑与德国马克的汇率就是 1 ∶ 2，也就是说，1 英镑价值 2 德国马克。

就这样，牛顿的“金本位制”不但明确了货币只能用黄金来铸造，还解决了各个国家货币的汇率问题。这个被物理学耽误的金融专家利用自己天才般的思路，解决了当时困扰全世界人们许久的问题。

世界各国都看到金本位制的好处，于是纷纷实行金本位制。1871 年，德国、日本实现金本位制；1873 年，以法国为首的众多拉丁货币实现金本位制；1875 年，欧洲实现金本位制；1881 年，阿根廷实行金本位制；1893 年，俄国实行金本位制；1900 年，美国实行金本位制。

牛顿大叔一出山，就一举统一整个货币江湖，以前那些争吵都不复存在，国际贸易中的货币兑换困惑也一扫而空，国家间的贸易得到了空前发展，世界经济开始走向繁荣。

“金本位制”不但保证了英国国内的货币与物价稳定，而且全球的货币汇率再也不能被人随便操控，每个国家的货币也不能随意铸造，因为如果没有足够的黄金，就无法铸币，如果采用其他金属铸造，造出来的货币也不会得到世界承认，只会让自己的货币贬值。

于是，各国的货币都被自己拥有的黄金数量牢牢锁定，再也不会出现随意铸钱的情况。

英国凭借其发达的经济、强大的军事实力，迫使其他西方国家先后采用了“金本位制”，全球各国货币都通过黄金联系在一起，世界贸易开始走向货币无障碍的时代。

更重要的是，由于英镑与黄金挂钩，其他货币与英镑挂钩结算，这就意味着：世界其他国家之间货币兑换时，都要先参考自身与英镑的比例，再换算成彼此两个国家的比例，英镑自然而然成为世界货币兑换的“中间标准货币”。

牛顿把英镑推到世界第一的位置，毫不夸张地说，他间接助推了英国此后百余年的经济繁荣，为英国成为“日不落帝国”立下了汗马功劳。

5. 日不落帝国的夕阳

1763年，英国被称为“日不落帝国”，意思就是国土上始终都有太阳照耀。这是一个国土广袤、东西半球都有自己殖民地的大帝国。而此前的另一个“日不落帝国”西班牙，此刻已经是日薄西山，辉煌不再。

英国前首相丘吉尔曾经说过：“英国通过几次战争，在欧洲之外成为海上和陆上的主人。”他援引英国政治家沃波尔的话说：“罗马人征服世界用了300年，英国征服世界只经过三次战役，而目前的世界比罗马时代扩大了一倍。”

当时，英国的殖民地确实多到连自己都数不过来。“一战”后，英国抢到了德国的大多数殖民地，国土面积达到3367万平方公里，约为世界陆地总面积的1/4。从英伦三岛一直到中国香港、加拿大、新西兰、澳大利亚、马来亚、缅甸、印度、乌干达、肯尼亚、南非、尼日利亚、马耳他、新加坡以及无数岛屿，但不可思议的是，当时英国的人口只不过才4000万。

英国经济学家杰文斯曾经说：“北美和俄国的平原是我们的玉米地，加拿大和波罗的海是我们的林区，澳大利亚是我们的牧场，秘鲁是我们的银矿，南非和澳大利亚是我们的金矿，印度和中国是我们的茶叶种植园，东印度群岛是我们的甘蔗、咖啡、香料种植园，美国南部是我们的棉花种植园。”

也许，英国人骨子里认为大英帝国的辉煌会一直持续下去，但事实上转折点很快就到来了。

第一个转折点是发生在1914年的第一次世界大战。战争爆发后，各国为了预防本国的黄金外流，开始陆续停止兑换黄金，并禁止黄金流出，在战争期间，各国开始实行自由浮动的汇率制度，于是，“金本位制”宣告结束，英国的地位也因此被削弱。

“一战”结束后，美元开始慢慢崛起，大有取代英镑之势。1931年，为了阻挡美元的崛起，英国组建了英镑集团，1939年改称“英镑区”。在除加拿大以外的英联邦各国和地区，以及爱尔兰、冰岛、马尔代夫、科威特、约旦、阿曼、巴林、卡塔尔、阿联酋、也门、塞拉利昂等国用英镑做基准货币，各国货币的汇率以英镑为准，可以自由兑换，贸易、信贷都用英镑结算。

如果说此刻英镑区的成立，还能跟美元抗衡的话，那么“二战”的爆发则彻底将英镑拉下了“世界货币”的宝座。

1939年9月1日，第二次世界大战爆发，一方是以德国、日本、意大利为首的法西斯轴心国；另一方则是以英国、苏联、美国、中国、法国为首的反法西斯联盟。

战争范围从欧洲到亚洲，从大西洋到太平洋，先后有61个国家和地区、20亿以上的人口被卷入战争。战争中军民共伤亡9000余万人，耗费5万亿美元，是人类历史上规模最大的世界战争。

战争期间，整个英国GDP的80%都用于军费开支，虽然穷尽全力，但钱的缺口还很大。而美国在“二战”初期并没有参战，依靠悄悄出售炮弹、武器、飞机赚了不少真金白银，英国则不断向美国借款用于战争，美国逐渐成为英国最大的债权国。

由于“二战”并没有发生在美国本土，所以美国几乎没有什么实质性的损失。美国当时制造业非常发达，战争爆发后向英国、法国等众多国家出售飞机、大炮及其他战争物资，由于购买武器是一笔非常大的开支，所以英、法等国的黄金开始源源不断地流向美国。

美国的黄金储备从1938年的145亿美元增加到1945年的200亿美元，高峰时期约占世界黄金储备总量的59%，经济实力成为当时世界第一，真可谓“鹬蚌相争、渔翁得利”。

由于大量出售武器，使得美国有更大驱动力去投入研发高端武器，因此其武器制造实力在此期间增强数倍，军队人数也达到1200万多人，国防军费预算每年超过800亿美元。

依靠其强大的海空军力量，美国的势力开始超越北美地区，延伸到欧洲、亚洲、大洋洲，成为真正的世界军事强国。战后美国在世界56个国家拥有驻军，有480多个海外军事基地。

“二战”结束后，英国对外负债350亿美元，其中欠美国就高达210亿美元，国内生产力开始显著下降，国力迅速衰落。虽然很多英国人骨子里依然不承认自己国家已经沦为二流帝国，但现实却非常残忍，黯然神伤的英国只能眼睁睁看着美国超越自己。

6．英镑和美元的决斗

美国即将超越英国成为世界霸主，但英国并不甘心将世界货币的宝座拱手相让，英镑和美元之间必有一战，急于分出雌雄的英、美货币之间开始了一场终极决斗。

当时，虽然美国的势力日渐强大，但全世界的贸易依然有40%左右用英镑结算，伦敦仍然是全球重要的金融中心，所以美元要成为世界货币，唯一的办法就是彻底干掉英镑。

“二战”胜利后，整个世界百废待兴，英国财政部顾问凯恩斯和美国财政部官员怀特分别从本国利益出发，设计出“二战”后的国际货币金融体系，提出了两个不同的计划，分别被称为“凯恩斯计划”和“怀特计划”。

英国“凯恩斯计划”提出创建一个全新的世界银行，发行全球统一的新货币“Bank”。凯恩斯的理由是：如果全世界统一货币，就能彻底解决各种货币汇率不同的麻烦，也能避免有人利用汇率差异来赚钱。显然，凯恩斯的方案对英国有利，也就是说，即使我英镑不行了，也不会让你美元成为新霸主。

美国人也不傻，立刻看穿了英国人的小心思。美国提出的“怀特计划”则建议把美元确立为世界货币。罗斯福立刻顺水推舟赞同地说：“这个提议非常符合当今的局势，美国将致力于担当一个更加重要的角色，我们将心怀天下，将会继续革新、继续繁荣，一起繁荣这个世界！”此刻，美国想当世界大哥的神情跃然纸上。

接着，英、美双方开始了激烈的辩论，货币争霸擂台赛进入白热化。最后谁也说服不了谁，于是，他们决定以全世界共同投票的方式决定，到底是选英国的“凯恩斯方案”，还是选美国的“怀特方案”。

1944 年 7 月 1 日，美国新罕布什尔州安静的布雷顿森林镇忽然热闹非凡，镇上街道飘满了各国国旗，44 个国家代表齐聚于此参加会议，这就是历史上著名的“布雷顿森林会议”。正是这次非同凡响的会议，改变了美元和英镑彼此的命运。

虽然有 44 个国家参加这次会议，但其实主角只有英国和美国，这是一次英、美争霸的决斗级会议，其余国家也只是打酱油的角色。

整个会议局面都被美国牢牢控制着，虽然大家都认为美国的胜算更大，结果还是让人大跌眼镜。在参会的 44 个国家中，除英国自己之外，其余 43 个国家都投票选择了美国的“怀特方案”。

场面让英国有点难以下台，始料未及的英国迫于无奈，最后只好放弃了自己的计划。但唯一可使英国感到安慰的是，虽然没有实行自己的“世界银行”方案，但也争取到了在英国、爱尔兰、冰岛等英镑区继续使用英镑的权利。

这次会议最终确定由美元取代英镑成为国际货币体系的核心，美元和黄金挂钩，1 盎司黄金 =35 美元，其他货币再与美元形成固定汇率。这就是著名的“布雷顿森林体系”，跟当年的“金本位制”如出一辙，只不过这次换了一个主角。

为什么这 43 个国家不约而同地选择美元呢？其实原因很简单，这并非全是美国控制会议来作弊，而是其他国家都非常清楚目前的世界局势，无论是经济、贸易还是军事实力，美国都已经远超英国，选择美元作为世界货币更安全、更稳定、更有保障，也更加符合各国自身利益。有道是“没有永远的朋友，也没有永远的敌人，只有永远的利益”。

所以，成为国际货币，并不是几个人、几个团体、几个国家就可以操控的。要想成为国际货币，相对应的是这个国家强大的政治、军事、经济、贸易、科技实力，因为没有人希望自己手里的国际货币面临风险，或者因为这个国家衰落而贬值、作废。

一个国家综合国力全球领先，这个国家的货币就可能称为国际国币，这个国家的语言就是世界通用语言。中国在大唐鼎盛时期，各国都纷纷派出“遣唐使”学习唐朝文化，学说汉语，也是同样的道理。

中国在近几十年迅速崛起，人民币开始逐渐成为越来越多国家的结算货币，尤其是“一带一路”的展开，很多相关国家开始使用人民币结算，人民币的影响在逐渐增加。但货币国际化并非一朝一夕的工夫，人民币国际化依然任重道远，也许在未来，美元、人民币、欧元三足鼎立也不是没有可能。

布雷顿森林会议后，虽然美元取代英镑成了最主要的世界货币，但英镑依然不肯轻易服输，英镑区依然有不少国家使用英镑，英镑仍然幻想有一天能够阻止美元称霸全球，重现昔日荣光。

但此时，上天再次赐予美国一举扫平英镑的绝佳机会，其故事依然是土豪与穷人的剧情，因为英国“二战”后经济非常困难，不得不再次向美国借钱。

1946 年，美国答应借给英国 37.5 亿美元的援助贷款，同时提出了非常苛刻的条件：英国必须承认美元是世界货币，而且要实行英镑、黄金、美元的三者自由兑换。这意思很明显，手里拿着英镑的富豪们，可以立刻换成美元。

这种做法犹如压死骆驼的最后一根稻草，导致持有英镑的国家纷纷来英国用英镑换取黄金，在不到一个月时间里，英国就流失了价值10亿美元的黄金储备，各个国家都清空了手里的英镑，英国因此元气大伤，英镑彻底失去了与美元抗衡的能力。

在击败英镑之后，美元扫清了成为全球货币的最后障碍，然后立刻开启了征服全球的步伐，其中最具代表性的就是美国国务卿乔治·马歇尔的新计划。他提出将通过向战后各国提供贷款和援助的形式，逐步掌控全球经济命脉。

1948年4月，“马歇尔计划”正式启动。这个计划的核心是借钱给欧洲各个国家用于战后重建，表面是帮助欧洲经济发展，实际是提高美元地位、稳固美国势力。

十几个西欧国家开始加入“马歇尔计划”，也就是这些国家都在向美国伸手借钱，它们向美国的借贷额度高达130亿美元。这也就意味着在重建国家的国际贸易过程中，都采取用美元买卖商品，用美元进行结算。

美国利用借款这样的恩惠措施，笼络了一大批支持美元的粉丝国家。所谓“拿钱手软”，这些国家统统表明立场，坚定地站在支持美元这一边，美元开始逐渐替代英镑，成为自由兑换的世界级货币，世界开始进入“美元时代”。

硝烟四起的货币决斗落下帷幕。夕阳下，映出大英帝国落寞的身影，年轻的美元活力四射、雄霸全球。未来的世界，哪种货币会成为世界货币呢？也许是人民币，也许是欧元，也许是另外一种新的货币，因为一切皆有可能。

第二章

银行：一个强盗催生的产业

1．不务正业的大掌柜

1824 年的一个早晨，山西平遥县一个叫李大全的中年人匆忙起床，吃完早饭、泡好了枸杞子，准备开始自己颜料店新一天的营生。这家祖上传下来名为“西裕成”的颜料店经过多年发展，现今颇具规模，在北京、天津等多地都开有分店。

中午时分，一个年轻小伙子出现在柜台前，从脖子上的大金链子、桀骜不驯的眼神、飘逸的古惑仔气质就能看出，他一定在大城市混过。

“大全叔,跟你商量一个事,非常重要。”大金链子有点儿着急。

“你这是无事不登三宝殿啊，借钱可就没有了，上次因为借你钱差点被老婆罚跪搓衣板。”李大全用抹布擦着桌子，漫不经心地说道。

大金链子有点儿得意:“这次不是借钱。我在京城发了点小财，赚了不少钱，现在想把银子从北京运回来，这不，找你想个办法嘛。”

李大全有点诧异：“运银子你找镖局啊，我这里是颜料铺子，又不是镖局。”

大金链子继续说：“这个世道不太平，强盗成群，镖局银子经常被劫。对了，你的颜料铺不是京城有分店吗，听说生意很好，也赚了不少钱。”

李大全心里咯噔一下，哎妈，这小伙子不是要游说我一起买P2P理财吧。但依然神情镇定地说：“对啊，京城店也是刚开不久，正需要用钱，我还准备找镖局运点银子去京城扩大规模呢。”

大金链子激动地拍了一下大腿：“叔，这就对了，我把京城的银子给你京城分店使，然后你在这里拿银子还给我，这样咱们不就都不用运银子了吗？”

李大全：“等等，我有点儿蒙。”

大金链子：“为了让你放心，我先把银子给你京城分店，你让京城的人给我打个收条，然后拿着收条回这里，你再给我同样数量的银子，我还可以给你一些手续费。这样，我安全拿到银子，你也不用运银子去北京，一举两得，你还赚了手续费。”

李大全愣了几秒，然后对着里屋大喊：“老雷，你出来下。”

只见里屋走出一个大汉，此人正是“西裕成”颜料店的大掌柜雷履泰。他对着大金链子说：“行，就这么定了，你先去京城分店交银子，记得让他们开个收条签字，然后到这里来领银子。”

等到大金链子消失在街头的小巷子后，雷履泰才拉着李大全进了里屋，回头又把大门反锁得死死的，然后把李大全按坐在椅子上。

李大全异常惊慌："老雷，你……你要干吗，你别乱来。"

雷履泰神神秘秘地说："东家，我给你一个提议，你一定要认真听，这关系到你后半生的幸福。"

李大全脑袋"嗡"的一下，这下完了。

雷履泰一脸严肃地说："我建议你关掉颜料店，咱们改行经营票号，我保证这一定是个天大的买卖。"

李大全："我去，你说的是这个啊，吓死我了！"

原来，对商业有极强敏感的雷履泰从这件事看到了无限的商机。他极力劝说东家放弃颜料生意，把颜料庄改成票号，进行银钱的"异地汇兑"，票号收取源源不断的手续费，相比于传统的镖局运输，不但顾客的手续费低，而且安全性还可以大大提高。

虚惊一场的李大全豁然开朗，当即拍板同意这个点子。随后他投资了30万两白银，在1823年正式成立中国第一家票号——日昇昌，名字取"如日东升，生意昌盛"之意，任命雷履泰为CEO。

"日昇昌"票号完美解决了大宗银两异地往来的难题，其总部设在平遥，各省设置分号。公司发展速度异常迅猛，两年后，日昇昌分号就已经达到上百处，遍及天津、张家口、盛京、苏州、上海、厦门、广州、桂林、重庆、长沙等40个城市。

据说，全盛时期的日昇昌，曾经拥有整个清朝政府80%的白银储备，这几乎是一个令人难以相信的天文数字。从这些数据能看出，日昇昌在当时商界叱咤风云的影响、纵横捭阖的气势与富可敌国的财富。

“日昇昌”票号，也是中国真正意义上的第一家银行。

说起银行，人们会自然联想到街边随处可见的门店。自从人们放弃了把钱藏在床底的习惯后，你会发现，人们的收支、财富都会跟某个银行有关。

中国目前一共有包括信用社在内的各种银行共计 4597 家。但说起来，所有的银行赚钱模式其实都非常简单，商业模式就是三个字——存贷差，也就是赚取存款利率与贷款利率之间的差值。

以目前中国的银行一年期的存款和贷款为例，定期一年存款利率大约是 1.5%，而一年期贷款利率大约是 4.35%，中间的“存贷差”是 2.85%。

比如，隔壁老王存了 100 万元，银行会一年给老王支付 1.5 万元利息；但银行转手把这 100 万元贷给老李，银行每年收取老李 4.35 万元的利息，这中间存在 4.35 万元 −1.5 万元 =2.85 万元的差价，也就是说银行每 100 万元就能净赚 2.85 万元，看来这真是“没有中间商、自己赚差价”。

这么一看，银行真是空手套白狼、躺着赚钱的好行当。既然银行这么好赚钱，那么大家都可能想去开个银行，毕竟这样躺着赚钱的日子实在太爽了。

这个想法当然非常好，但要实现起来却比较困难。首先开银行需要一笔很大的启动资金，而且在中国开银行需要各种牌照审批。即使你走完流程拿到牌照，客户是否愿意把钱存到你的银行也是一个关键，毕竟满大街都是熟悉的银行，而人们对于银行的信任，需要时间来完成信用积累。

银行在人们生活中充当着重要的角色，银行的从业人员也自带光环。听说在相亲领域，公务员、国企央企、银行业是最受丈母娘欢迎的大三行业。

有一次，我在去买菜的路上遇到小区里一个认识的大妈，寒暄中大妈听说我还单身就变得热情起来，我猜她身后一定有个跟我一样大龄的女青年。初春的早晨还稍微有点寒冷，穿着一双健步鞋的阿姨就先开始说话暖场。

“小伙子，你是哪个行业的？”

“阿姨，我是做 PE 的。”

“做皮衣的啊，现在服装行业也不是太好做啊，不过没关系，年轻人慢慢努力。”

“不是，阿姨，我是私募股权投资，简称 PE，不是皮衣。是金融行业的一种，主要做投资、并购等业务。”

“那应该不是银行吧？”

“阿姨，不是银行，但我们也属于金融机构。”我感觉阿姨有点嫌弃我了。

然后，阿姨经历了几秒钟激烈的思想斗争，显然已经放弃了我，但还是不失礼貌地安慰我说：“不是银行也没关系，比银行收入低也没关系，其实银行也没啥技术含量，就是一个中介而已。”

这一点阿姨说得很对，银行确实是一个中介机构的角色，它将存款人和借款人连接起来。有人说既然自己开不了银行，也不能让那帮金融男把钱给白赚了，能不能撇开银行，实现真正的“没有中间商赚差价，卖家多卖钱，买家少花钱”呢？

理论上说是可以的，这也就是最近几年流行的P2P模式。所谓的P2P，是英文person-to-person的缩写，意思是“个人对个人”，因为to与数字2的英文two同音，所以大家都习惯性缩写成P2P。

也就是说，在P2P中，借贷双方可以绕开中介方银行，相当于男女青年相亲过程中，绕开媒婆自己约会。出借人不用通过银行交易，直接把钱借给需要用钱的人，这样就少了一个银行中介从中抽成，双方都会获利，看起来是个双赢的方案，金融行业把这种行为称为“金融脱媒”。

理想很丰满，但现实却很骨感。这样的模式问题也非常明显，同样像男女相亲一样，少了媒婆把关，发现对于彼此人品、住房、家庭、习惯等情况都了解太少，离婚的风险就会增加。

在P2P模式中，出借人无法确定借款人信用如何、是否有还钱能力，如果随意借钱给他，最后可能导致对方恶意拖欠、无力还款等不可预知的情况。仅2018年一年之中，中国P2P平台就倒闭了近5000家，大量出借人的钱血本无归。

一个被坑的受害人说：“曾经有个投资大佬告诉我，要注意分散投资，鸡蛋不要放在同一个篮子里，于是我就把100万资金分散投到了十多个P2P公司，结果发现，现在每个P2P公司微信维权群都有我的身影。”这个兄弟确实是把鸡蛋放在了多个篮子里，但他忽略了这些篮子其实都放在同一辆P2P车上，一旦车翻了，所有的鸡蛋就都没了。

所以，投资多元化的意思是需要配置“不同风险类型”的金融产品，而不是同一类型产品的不同公司。只有选择“不同类型、不同风险程度”的金融产品，这样才能做到更好地分散风险。

因此可以看出，在国内的信用体系、风险措施尚未完善的情况下，这种“个人对个人”直接交易的P2P模式还不太具有可行性，也许未来个人信用体系足够完善、大数据足够庞大。这种模式也许会成为一种很好的借款方式。但就目前而言，银行还依然是市场存、贷款最优的选择之一。

中国的银行体系比较复杂，经过几十年的发展，中国的银行体系逐渐趋于完善，目前国内银行大致可分为五类。

第一类是政策性银行，一共有三家。分别是：国家开发银行、中国进出口银行、中国农业发展银行。这三家没有存款业务，只对外贷款。它们的钱由国家下拨，分别去投资、支持不同领域的建设。看银行名字就大致清楚它们专注的领域。这三家银行没什么业绩压力，待遇虽然不是非常高，但胜在能准点下班，上班能看报、聊天、泡枸杞。

第二类是大家熟悉的几大老牌国有银行，分别是中、农、工、建、交五家银行，最近另一个“富二代”邮储银行也加入进来，成为国资银行俱乐部第六个成员。总之，这六家银行属于门店最多、规模最大、服务水平一般、大学毕业生挤破头的公司。当然，这几家银行福利稳定、压力不大，过年过节还能发个水饺汤圆粽子啥的。

第三类就是股份制银行。招商银行、浦发银行、民生银行、兴业银行等都属于这一梯队。这一梯队的银行基本全靠自力更生发展起来的，对市场的残酷性有较深的认知，非常具有竞争意识，普遍服务较好、效率较高、盈利不错，而且这些公司还会积极学习国外银行经验，管理相对规范，业绩考核、员工培训、企业文化都走在行业前面。

第四类是城市商业银行。你完全不用担心会分不出来它们，它们名字就自带城市气质，如北京银行、成都银行、包头银行等。呃，不好意思，这个包头银行不久前刚刚破产。

这里补充一句，中国相关法律规定，如果某家银行破产，每个客户最高偿付额度为 50 万元。如果各位钱比较多，记住别死往一个银行存，多存几家银行，每家最好不要超过 50 万，这样既能保证存款安全，而且手里有一大沓银行卡还能更有成就感。

第五个走来的是地方小银行、农村商业银行、信用社方队。这些银行一般规模较小，但是数量庞大，基本都下沉到县、乡镇等基层地方服务，优点是政策灵活、自主决定权更大。

这些地方信用社负责人在当地小镇一般都是名人，闲暇的时候喜欢背着双手在小镇上视察民情，偶尔亦会指点江山、激扬文字。其个人信誉体现在他们能在任何一个油条摊都能吃到五折早餐。

2．最神秘的银行

根据 2018 年的上市公司财报，银行业可谓财源滚滚，工商银行、农业银行、中国银行、建设银行和交通银行等五大行净利润合计达 10088 亿元。也就是说，这五大银行加起来平均每天盈利能达到 27.64 亿元。

英国《银行家》杂志发布了“2018 年全球银行 1000 强”榜单，前 12 名中，中国的五大行占据五个席位，工商银行和建设银行分别排名第一和第二。

中国工商银行被大家戏称“宇宙第一行”，其营业规模和赚钱能力长期占据世界第一位。2019 年，工行全年营业总收入 8551 亿元，净利润 3122 亿元，净利率高达 36.5%。

也许大家对 36.5% 的净利润没有什么概念，参照近几年崛起的华为就会更直观。2019 年华为收入 8588 亿元，与工商银行的营业收入非常接近。但两家的净利润却相差巨大，高精尖的标杆企业华为利润为 627 亿元，净利率为 7.3%。

也就是说，工商银行利润率是华为的 5 倍。这究竟是银行业的荣耀，还是实业经济的遗憾，我不在此做任何评论，我相信每个人都会有自己不同的判断。

“企业利润那么低，银行利润那么高，所以我们有时候利润太高了，自己都不好意思公布。”在 2011 年北京举行的“环球企业家高峰论坛”上，羞涩的民生银行行长洪崎替银行业害羞了

30 秒。

银行能赚钱当然很好，但这并不意味着能赚钱的银行就是一家好银行。在对一家银行的评定过程中，赚钱只是其中一个判定因素，还有一个更重要的评定因素是为顾客提供的服务体系，从国内民众对于一些规模排名非常靠前的银行服务吐槽就能看出一些端倪。

这里要提到的是一家极为神秘的银行——瑞士银行。据说，瑞士银行存着全世界 25% 的存款，如果真如传言所说，那么这家银行应该是全球最有钱的银行了。

虽然瑞士银行有多少存款没有确切的数据，但这个充满神秘感的银行却让无数土豪、明星、政界要员趋之若鹜。他们戴着口罩、墨镜，罩着兜帽，趁着月黑风高把大捆的美元悄悄地运抵瑞士银行，将下半生的幸福交给这个陌生的机构保管。

这就是信用的魅力，一个人可以把自己的身家性命交给一个完全跟自己没有关系的机构。如果说现在企业发展还有秘诀，那么最大的秘诀就是信任了。如果一个群体对公司产生足够的信任依赖，那么其赢利绝对不是问题。

所以，与其说很多企业老板天花乱坠鼓吹创新商业模式，不如真正践行诚实守信，如同贵阳那个几十年如一日坚持质量的“老干妈”，无须鼓吹商业模式，自然口口相传。

后来，由于瑞士银行存款过于庞大，管理起来实在太麻烦了，不但要防老鼠啃，还得防贼偷、贼惦记，而且有限的地库已经容纳不了源源不断的钞票，他们决定想办法减轻银行的压力。

于是，该银行不得不将存款利息调整为 -0.75%，即负利率模式。也就是说，储户存钱不但没有利息，而且还需要缴纳 0.75% 的管理费用。但即使这样，依然无法阻止各位执着的土豪的热情，因为那些来这里存钱的人，根本就不在乎这些利息和手续费。

为什么拿鞭子都赶不走这些土豪呢？究其原因，还是瑞士银行有着全球很多银行不具备的先天优势——安全性。

瑞士是全球七个永久中立国之一。中立国不站队、不结盟，也就是说每次其他国家打仗，中立国就在一旁装睡。所以，在“二战”时期，无论是同盟国还是轴心国，这些国家的富豪都觉得自己的国家可能会输，不约而同都选择把钱存在瑞士银行。

这里需要补充的是，中立国一般是比较小的国家，全球七大中立国分别是瑞士、奥地利、瑞典、芬兰、爱尔兰、土库曼斯坦、哥斯达黎加。这些国家既没有什么军事战略价值，也没有丰富的石油矿产，所以大家就放生他们了。但不是每个国家都能以中立国的方式躲过灾难，比如位置重要的叙利亚，即使宣布自己为中立国，土耳其也肯定不会放过它。

另外，瑞士银行安全系统世界一流，钱放在这里完全不用担心银行被劫。其金库位置高度机密，而且处于阿尔卑斯山地下几百米深处，防守固若金汤，甚至可以防御核弹的攻击，别看好莱坞电影里打劫银行易如反掌，但瑞士银行至今从未失窃过。

当然，这里的客户服务也绝对一流，瑞士银行应该是世界上服务体系最完善、信用最高的银行，以高端、便捷、定制化服务享誉全球。现在很多高端银行在服务高端客户时，都在模仿瑞士银行的服务体系，以此提升客户体验。

还有，瑞士银行最吸引人的是对客户的信息高度保密。1931年，瑞士通过《银行保密法》，规定对于所有来这里存款的客户，个人真实信息绝对保密，无论对方是贪污犯、抢匪、毒枭还是政客，来了就是客，不会问你钱怎么来的，也不会告诉别人你在这里存过钱。

当然，事物总有两面性，瑞士银行有不问财产来源、身份保密、来者不拒的优点，也成了罪犯藏污纳垢的地方。全球很多毒品、军火、暗网等跨国的大宗非法交易中，很多都与这家银行的资金有千丝万缕的关系，这也是很多国家对瑞士银行口诛笔伐的原因。

事情最近有了变化。2019 年 1 月 20 日，经过多次争争吵吵，欧盟 15 国财长达成协议，除比利时、卢森堡、奥地利三国之外，其他各个国家、国际刑警都能来查询这里的存钱信息。此举不但能打击偷税漏税、跨国毒品犯罪等，还能帮助一些国家反腐。

非常有趣的是，银行因防盗而生，世界经过几百年的发展，人们发明了无数金融衍生品，如股票、保险、债券等，品类繁多，但最后，这个财富领域无数高等级玩家的终极需求既不是理财，也不是投资，居然还是防火、防盗。

3．挤兑：银行的克星

20 世纪初，美国经济处于空前的繁荣。1903 年，莱特兄弟发明的飞机试飞成功，美国铁路和工业建设获得大发展，电力、汽车、化学等新兴工业崛起。

山姆大叔此刻已经忘记了那些年一起体验过的大萧条，仿佛处处都是黄金，随便挑个行业都能赚钱。于是，个人和企业都撸起袖子加油干，为了获得发展，大家都尽最大可能借钱。

这时候出现了一个全新的金融机构——信托，虽然名字听起来比较陌生，但不久后人们惊喜地发现，这玩意儿其实就是银行的变身，而且贷款比从银行贷款容易得多。

为什么会有这个漏洞呢？那是因为当时对于信托这样的新事物不熟悉，监管也还在观察，所以造成信托监管的法律不健全。信托有着非常灵活的操作方法，为企业和个人贷款又快又宽松。

这种灵活的信托模式，犹如一剂春药，将美国的经济继续推向大繁荣。为了满足人们和企业快速借钱的需要，信托不但吸收公众存款，还会去其他银行借款过来，转手贷款给民众。

为什么银行不自己贷款给民众而是借给信托呢？这是因为当时银行自己贷款给客户，需要复杂的流程、资产抵押，所以还不如借给信托，让他们去操作贷款比较方便。

企业对资本的需求如饥似渴，信托为了追求高回报，几乎都将资金投资于高风险、高回报的行业和股市。看到这里，估计大家都凝神屏气，因为知道快出事了，而接下来几乎全是坏消息。

1906 年 2 月，欧洲银行提高利率，资金、黄金开始扑向欧洲。

4 月，旧金山大地震，美国抽调大量资金帮助重建。

7 月，铜交易市场崩溃。

紧接着，引发飓风的那只蝴蝶翩翩而来，一个储户到美国第三大信托公司尼克伯克取现金时，银行告知暂时没有足够的资金兑付。消息传开，所有的储户开始上门取款，其他贷款给这家信托公司的银行也上门要求还钱，但这个信托公司已经把钱全部贷出去了，暂时无法收回，有的甚至已经亏掉成为死账。

市场上的流言开始蔓延，这个“尼克伯克信托公司即将破产”的消息威力可想而知。第二天一早，尼克伯克信托公司就被美国大爷、大妈给包围了，人们纷纷要求取回自己存在这个公司的钱。

这就是银行业闻之色变的“挤兑”现象，也就是所有储户同时都来取回自己的存款。其结果也不难预料，几乎都是导致银行快速倒闭，尼克伯克信托遭到破产清算。

这下比较麻烦了，人们开始觉得所有的信托公司都可能不安全，“童话里都是骗人的”。整个美国人民都紧张起来，其他银行和信托机构也无辜躺枪，于是，全美其他信托、银行也开始陆续出现“挤兑”现象。

人们奔走相告、倾巢而出，都出门赶赴银行取回自己的存款，整个局面完全失去控制，银行的门口都排满了无数取钱的人，几天之内，美国就有十多家银行、信托机构因为挤兑而倒闭。

其他没有倒闭的银行也都命悬一线，无论哪家银行，都不可能有如此多的现金放在地库，银行的大部分存款都已经贷给企业或个人使用，面对这样疯狂的挤兑现象，剩下的银行也岌岌可危。

《1907年金融大恐慌》（*The Panic of 1907*）一书这样评论当时的情景：“全世界处在经济崩溃的边缘，风暴中心是纽约金融区。尽管当时美国企业盈利屡创纪录，整体经济持续增长，但美国股市却一泻千里，股价大幅跳水，券商纷纷倒闭，利率不断上涨，纽约市政府无法发行债券，纽约证交所差点关门大吉，银行挤兑风潮席卷全美。”

面对“挤兑”这个银行死亡克星，当时的华尔街真是太难了。大家都惊慌不已，面对突如其来的银行危机，所有人都束手无策，华尔街把拯救这次银行危机的最后希望寄托在华尔街一位极具威望的人身上。

这个人就是最具实力、最有威信的银行家约翰 · 摩根。这位来自新奥尔良的富二代，靠着咖啡生意赚取了人生第一桶金，他执华尔街之牛耳已有多年。

摩根靠着自己惊人的商业天赋，把他创立的摩根一手发展为一个庞大的金融帝国。他控制着 53 家大公司，资产总额 127 亿美元。在高峰时期的 1900 年，由摩根财团直接、间接控制之下的铁路长达 10.8 万公里，差不多占当时全美铁路的 70%。

而且，他还撮合了爱迪生的通用电力公司与休斯敦电力公司合并成为通用电气公司，成就了现在这家常年处于世界 500 强第一的通用电气（GE）公司。

此刻，摩根已经退居幕后多年，在这关键时刻，摩根临危受命站了出来。他经过仔细测算，指出要解决这场经济危机，至少需要 2500 万美元。

在今天看来这笔钱并不是很多，但在当年这可是一笔巨款。这个霸道总裁决定再次出山拯救华尔街，于是召集华尔街各大银行行长来自己家中开会，希望用众筹的方法凑足这笔钱。

各位银行家小弟被这位带头大哥邀请到家里做客，表面说是做客，其实是一出“鸿门宴”。众兄弟一到，还没来得及吃喝，就被大哥分别关到各个房间。霸道总裁摩根大叔表示，各位不拿出钱就不放出去。

这些银行小弟当然不希望自己出钱去拯救其他银行，毕竟现在自己的银行还非常安全，奈何年老的摩根在华尔街拥有极高的声望，如果直接拒绝跟摩根合作，那也意味着这些小弟以后肯定在华尔街很难立足。

摩根告诉大家：“这 2500 万美元必须在两天内凑齐，否则后果不堪设想。”说完他就把这些人继续关在书房，自己在办公室等待结果。这些银行家心里也清楚，如果见死不救，那么整个美国经济都可能会被牵连而崩溃，每个人都无法全身而退。

这些银行家陷入了进退两难的境地，一直到凌晨 4 点左右。摩根一看大家的耐心也磨得差不多了，才走进书房，拿出早已准备好的声明意向书，让各位银行家签字。

声明的主要内容只有一个,就是承诺愿意出钱救助其他银行。带头大哥确实气场足够大，摩根甚至直接把其中一个人拖到桌子边，按着手说：“快点签字，笔就在这里。”他凭一己之力镇住了全场，最后所有银行家都不得不在声明上签了字。

随后，摩根又释放出消息，宣布银行的现金现在已经足够，所有人在所有银行的存款可以随时取回。其实在“挤兑”危机中，需要的除了现金，更重要的是市场信心。温总理也说过“信心比黄金还要重要”。

当民众看到自己担心的那些银行有充足的现金可以随时取出，很多人反而不再担心自己存款的安全，也不再去银行排队取款了。这场危机在摩根的干预下终于化险为夷。

"他几乎一手保住了纽约股市。"《1907 年金融大恐慌》书中如此描述摩根的魅力。这是美国历史上一次特别的金融大危机，因为出面解决这次危机的不是国家部门，而是一个私人银行家，可谓前无古人后无来者。

但事实上，据说背后还有一段小插曲。在这次危机中，很多企业因为缺钱破产、贬值，摩根趁机以 4500 万美元的超低价收购了一直紧盯着的田纳西矿业和制铁公司，这家公司在危机发生之前，市场评估价值接近 10 亿美元，这算是捡了一个大便宜。

所以，就有很多"摩根阴谋论"的分析人士认为这是摩根趁火打劫，甚至还有人推测可能是摩根一手导演了这场金融危机。听起来似乎有些道理，至于这传言的真假考究就交给历史学家了。

无论出于什么原因，摩根在这次银行危机中，有担当也有谋略，几乎以一人之力化解了这次经济危机，从而拯救了美国经济，其个人的智慧、功劳也被永久写入世界金融史册中。

虽然危机暂时解除了，但笼罩在美国人心头的"挤兑"阴云并没有完全散去，"挤兑"犹如一把悬在银行家头上的达摩克利斯之剑。人们开始思考，如果下一次危机再次来临，还会有下一个摩根来拯救美国吗？

于是，美国关于建立"中央银行"的话题再次被提起。因为在此之前，美国对于是否需要中央银行一直存在较大争议，而且此前美国曾成立过的两个央行都被迫关闭，但这次危机似乎让中央银行的成立水到渠成。看起来，美国成立中央银行势在必行。

第三章

最操心的“央妈”

1. 中央银行

经历了美国的这次银行危机后，各国都见识了银行“挤兑”的威力，各国再次开始完善和加强中央银行制度。

现在，各国都有一个非常特殊的银行，这个银行既不存款也不贷款，更不会出售金币收藏套餐和发售信用卡。严格地说，中央银行不是一家普通的银行，它是“银行中的银行”。

中国的中央银行是“中国人民银行”，成立于1948年12月1日，是在原华北银行的基础上合并北海银行、西北农民银行组建而成。“央行”平日为人低调，它的大楼总是矗立在城市一处并不繁华的角落，这个掩映在绿树成荫的安静一隅的低调机构，却掌管着中国庞大的金融江湖。

在中国，大家喜欢称呼央行为“央妈”。博大精深的中国文字，结合中国家庭大都是女性管钱的传统，“央妈”两个字精准地诠释了央行的地位和作用。

话说“央妈”这一大家孩子也不少，几个有代表性的孩子分别是工娃、建仔、农妞、招宝等，因为央家母亲头脑精明，一个人承担起家里的财务预算，虽然这个工作比较繁重，但“央妈”依然处理得井井有条。这个大家庭经过几十年的发展，现在人丁兴旺。

央家的亲戚不少，所以每次过年孩子们都会收到大量现金红包，一时间孩子们囊中满满，就开始有点膨胀，开始组队上街购物消费，或者借给别的孩子收取利息。

“央妈”就有点担心了，万一这些孩子只图一时之快短时间把钱花完了，到时候如果他出去参加个夏令营、出国游学、生病什么的，急用钱咋办呢?

于是，这个母亲就定出了规矩：“以后每一笔压岁钱必须拿出 20% 上交给我保存，等到你们兄弟其中哪一个人有困难、急需用钱的时候，再来我这里申请，可以用这笔钱救急。”

上缴的这部分钱，在银行领域中有个专门的称呼，叫“存款准备金”，20% 的这个比例就称为“存款准备金率”。如果你听到财经新闻中所谓的“降准”，说的就是这个。

因为在经营过程中，很多银行为了追求利润最大化，都不会让客户存进来的钱躺在自家地库里闲着，而是尽量多地贷款出去，以获得更多利息。但如此一来，就可能出现某一天来银行取款的客户多了，银行现金就不够支付。

如果这家银行缺钱的信息再不小心传播出去，让这家银行的客户知道“这家银行快没钱了”的消息，将导致这些客户都会来取回自己的存款，银行就会出现“挤兑”现象。前面章节谈到美国 1907 年金融危机就是如此，这意味着银行会快速倒闭。

所以，“央妈”为了预防“挤兑”的情况出现，就推出了“存款准备金”制度，客户存进银行的每一笔存款，都会按照一定的比例抽出一部分上缴给中国人民银行代管，钱还是这个孩子的钱，“央妈”并不会据为己有，目的是防止这个孩子不懂事把钱一下子用完。

这样，各家银行上缴的这部分钱汇集在“央妈”这里，可是一笔很大的数值，合在一起足可以应对任何一家银行的“挤兑”危机，或者破产清算。比如前不久的包商银行破产事件，就是因为这个孩子不按规矩出牌，资金被股东大量挪用，导致资金出现问题。

但包商银行破产后，客户其实并没有受到任何损失。是因为“央妈”果断调拨存款准备金，支付储户的存款，避免恐慌。对吧，有妈的孩子就是不一样，哭时有糖吃，遇事有人担。

截至 2021 年 5 月，中国的存款准备金率大型银行是 12.5%。也就是说，客户每存款 100 元，就有 12.5 元钱交由“央妈”代管。

如果你认为“央妈”只是一个管钱的，那么你就大错特错了，事实上远远不止如此。“央妈”除了发行货币，还拥有一项非常重要的职能，那就是根据经济发展的需要正确地增加、减少货币的供应量。这被称为“货币政策”。

所谓“货币政策”，就是央行会在合适的时候，选择前面说过的多种投放货币的方法，投放适当数量的新货币到市场中，或者使用降低“存款准备金率”的方法，释放更多货币到市场。

而在市场货币较多、物价开始上涨的时候，使用提高“存款准备金率”等多种手段，达到回收货币、控制物价的目的。这说起来容易，如何控制好这个度，就是一个国家央行水平高低的具体体现了。

比如，“央妈”有一天发现这几个孩子不省心，放到市场的贷款太多，因为市场上的钱变得多了之后，物价就有会偏高。于是，她决定把存款准备金的比例从现在的13%上升到14%。

那么，这次调整“存款准备金率”这会产生什么效果呢？也就是说，这样的操作会让老百姓的生活发生什么变化呢？下面一起来看看导致的一系列影响：

存款准备金率比例升高后，也就是说“央妈”每次多拿走了1%的资金。“央妈”拿到钱后放在央行的地下金库里藏起来，这就意味着市场上流通的钱少了1%，这样使市场里流通的货币减少、经济活跃度降低、物价微微下降、股票整体大概率会出现下跌。

相反，如果从13%下调到12%，也就是说银行少交钱给“央妈”保管，少交的部分钱就会通过贷款的方式流到市场，市场货币数量就会增多，物价就是上升，市场也会变得活跃。这种降低“存款准备金”释放货币的方式在行业中俗称“放水”。

当然，“央妈”做事比较谨慎，一般都是以0.25%~0.5%这样的小幅度增加或减少，很少会出现一次1%的调整幅度。因为这样可能导致市场出现大幅度的震荡。

要不说当妈的都不容易，虽然小幅度调整“存款准备金率”，市场不会波动太大，但依然会存在一些震荡，为了尽可能地减轻市场的不良反应，“央妈”大多数都把政策的发布时间选在周末，或者工作日的下班之后，低调发布一个重磅降准政策，然后下班回家，深藏功与名。

因为周末股票、期货都处于休市状态，这样做可尽量避免市场的非理性震荡，然后在大家经过一个周末的信息消化后，下周股市再开盘之时，很多人会更加理性对待政策变化。当妈的用心良苦可见一斑，真是为这个家操碎了心。

上面说的只是“央妈”众多工作中的一个微小部分，“央妈”承担的工作比大家想象中的还要多得多。

比如以下几个重要的日常家务工作：发行货币、执行金融政策、管理金融机构和银行间的“存、放、汇”业务。总之，央行是整个国家的神经中枢，协调和管理着整个金融链条。

央行在不同国家的名字各有不同，在中国叫“中国人民银行”，在英国叫“英格兰银行”，在德国叫“德意志银行”，在日本叫“日本银行”。在美国，它叫“美国联邦储备系统”，居然都不带银行字眼，也即是大名鼎鼎的“美联储”。

2．投放货币方式一：外汇占款

刚才说到“央妈”还有一项重要的核心家务工作：发行货币。虽然这活儿看起来简单，但可能大多数人并不太清楚货币的投放流程，不知道印刷厂印好钞票之后，是以怎样一种方式投放到市场中来的。是给每个国民发钞票吗？但大家从来都没有看到“央妈”给民众直接发钱，也没看到摆摊设点让大家排队去领钞票，那是站在银行高楼上往下撒钱吗？当然也不是，事实上，“央妈”发行货币有严格的渠道和流程。

央行作为“银行中的银行”，在收到印刷厂印好的钞票以后，需要通过多种“特殊”方式投放到市场中，最后成为市场流通中的一分子。一起来看看央行发货币的故事：

> 一天上午，正在家做饭的“央妈”忽然接到电话，说印刷厂3000亿钞票刚刚印完，已经用车拉到门口了。情况紧急，“央妈”赶紧召集家里几个主要的娃，想办法把这笔钱尽快投放到市场中去。
>
> 她首先叫起了正在睡懒觉的建仔，这个娃精明能干，平时做事比较积极，这次决定给他派一项重要任务，就是负责投放1000亿出去。
>
> 建仔：妈，这次又是啥任务？我还没吃早饭呢。
>
> 央妈：别废话，我要你负责将1000亿尽快投放到市场，方法跟上次一样。
>
> 建仔：我知道了，我去找那些经常出口的企业，就是用这批新钱换他们手里的美元呗，很简单。

这其实是货币投放市场的一种非常重要的方式，尤其是出口比较多的中国，咱们很多出口商品，如农产品、数码产品、小商品等，大量出口到国外，运出去的是商品，带回来的是美元等外汇钞票。

比如华为公司，拉着一船“荣耀”手机到美国卖掉以后，拉回一船美元，但美元运回国之后无法直接使用，因为华为既不能直接给员工发美元当工资，也不能用美元从国内企业手中买原料，因为国内不允许用美元进行直接流通和交易。

这时候，建仔出现了，他把像华为这样的出口企业召集在一起，说赶紧用你们手中的外汇来换我的新钞票吧。

于是华为等众多企业纷纷将手里的美元换成人民币，拿到人民币后，华为等企业就能用换来的人民币给员工发工资、支付供应商的货款等，顺利将外汇变成人民币。

就这样，成百上千的出口企业在建仔这里将美元换成人民币，不久以后，建仔就拉了几车美钞回家。“央妈”满意地点点头，让建仔把美元赶紧拉到一号地库存起来。

于是，美元被换回地库，新印刷的人民币流入市场。如果国家想再多投入货币，那么就再多换一点美元回来，于是新印刷的钱就这样通过银行，进入市场开始流通。

这种货币投放的方法有个专业的名词叫“外汇占款”，别被这个高大上的名字吓住了，其实原理就是这么简单。

而拉回来的这些美元就变成了国家的外汇储备，如果其他的企业要去美国买原料和机器，那么他们再用人民币来换美元。除了企业，个人出去旅游、读书、购物，也需要换取美元使用。

截至 2020 年 2 月，中国的外汇储备为 31067 亿美元。当然，国家也不会让这些美元静静地躺在地库里睡觉，也会拿出一部分去投资，让钱再生钱以达到增值保值的目的。为了安全和保险，我们的大部分外汇都是投资购买美国国债，也就是所谓成为“美国债主”，虽然投资美国国债收益率不高，却足够安全。目前，美国十年期的国债年化收益率在 2% 左右。

按照最新数据，中国现在持有 11020 亿美元的美国国债，差不多相当于中国 1/3 的外汇储备买了美国国债。自从 2019 年 6 月中国抛售一波国债券之后，就把长期第一债主的位置让给了日本。

3．投放货币方式二：公开市场操作

虽然能干的建仔顺利投放了 1000 亿出去，但“央妈”发现，此刻还有 2000 亿新钱堆在仓库里，得想办法尽快投入市场，于是“央妈”决定采用了第二种方式。她叫来了正在打游戏的工娃。

央妈：这是又天天打“王者”啊你？

工娃：好久没打了，妈这是要给我派任务吗？

央妈：正是，你们银行现在有很多国债券吧？

工娃：有啊，好大几筐呢，前不久怕老鼠啃，搬到新地库了。

央妈：那你把这些“借条”都卖给我吧。

这里说的“借条”，其实是国家的国债券，因为国家会不定期发国债券，也就是向老百姓借钱去投资建设。国债券可以简单理解为国家向老百姓借钱时打的“借条”。这些“借条”因为有国家担保，所以具有几乎跟钞票一样的信用功能，所以“借条”也可以在市场进行买卖。

跟钞票现金不同，债券价格经常会有浮动，比如一张1000万元的国债券，有时候价格是998万元，也有时候也可能是1002万元。为什么还可以多卖钱呢？因为国债券到期兑换是有利息的，本金加上利息肯定会超出1000万面值，所以买卖债券就成为一门生意。总之，大家会根据行情好坏浮动价格，有头脑的人倒卖债券还可以赚钱。

话说不久以后，工娃就拉着一大车用新钞票买回来的债券，而且工娃还放出消息，手里持有债券的客户，也可以用债券到银行窗口按照当日行情价格换成现金。这样，现金也就通过银行流入市场了。

这个方法就是央行非常重要的第二个方法：公开市场操作，既可以通过回购债券，还可以包括SLF、MLF、TLF、PSL等方式，后面这些复杂的方式，这里就不详细解读了，你可以理解为不同的类似“兑换借条”方式。

也就是说，通过公开市场操作，市场中现金就变多了，人们手里保存的借条变少了，市场因为钞票投入变多而变得活跃，但物价可能会稍微上涨。

如果央行希望市场上的钱减少一点儿，就可以做反向操作，即“卖出债券”，这样债券流到市场上，现金货币就被收回到央行地库，市场上的货币数量就减少了。

4．投放货币方式三：银行再贷款

看起来工娃的任务完成得非常不错，1000亿很快就投放到市场了。但最后还有1000亿找谁呢？“央妈”决定找爱穿红衣服、萌萌哒的招宝来完成。

央妈：招宝，你最近学习如何，差钱不？

招宝：挺好哒，要说钱呢也是需要滴，好多企业找我贷款呢。

央妈：那我给你贷款，你赶紧弄点什么抵押物过来。

招宝：没抵押物了，除了电脑，就只有营业员、大堂经理了。

央妈：这个嘛，鉴于你信用良好，填个申请表来审批也可以。

招宝：填好了，领导也签字了，我去地库装钱了。

央妈：你回来，记住哈，别嫌贫爱富，不能只贷给国企、央企、大企业，中小微企业你也得照顾到，中小微企业是中国经济的未来，你得兼顾，眼光长远点儿。

这是“央妈”经常使用的第三种方法：银行再贷款，也就是贷款给需要钱的银行，然后银行依靠信用获批以后，再将这些钱贷给企业经营、个人消费，这部分钱也由此流入市场。

可以看出，央行会根据情况的不同，使用外汇占款、公开市场操作、银行再贷款等方式把新货币投放到市场。当然，央行的手段并不只是这几种，央行经常会把多重方法交叉使用，相互补充，完成对市场货币的数量调节，从而让金融市场变得更加稳定。

5．央行发多少货币合适？

前面我们曾提出一个问题：一个国家每年应该新印刷多少货币才合适呢？回答这个问题之前，我们先看看一个非洲奇葩国家的故事和心路历程。

津巴布韦，是一个位于非洲南部的国家，1980 年宣布独立，土地肥沃、矿产资源丰富，以出产优质鳄鱼皮而闻名，有“鳄鱼之乡”之称，曾经有过无比的辉煌和荣光，当时实力仅次于南非，被誉为“非洲面包篮”。

但这个国家从 2000 年开始就走偏了。总统穆加贝头脑一热，通过暴力进行土地改革，强制没收国内白人的土地，然后分给自己的黑人兄弟，黑人兄弟们欢欣鼓舞，兴奋得开始跳起了锅庄，这下终于可以翻身农奴把歌唱啦。

但此举造成大量白人农场主离开津巴布韦，国内商业环境不断恶化。而黑人拿着分来的土地和产业也蒙了，因为他们完全没有能力经营好这么大的农场，本想再叫回外国人继续经营，但此时外国人已经对津巴布韦政府失去信任。也就是从这次事件开始，津巴布韦的经济开始进入颓势。

津元早先其实比美元还要值钱。在1980年津巴布韦独立时，津元与美元汇率为1 ∶ 1.47。也就是差不多2津元可以换3美元，在这个鲁莽的总统实行土地改革之后，经济逐渐崩溃，政府财政入不敷出，日子开始变得艰难起来，津元也开始逐步贬值。可以看出，一个国家货币的价值，跟这个国家的经济实力正相关。

虽然津巴布韦政府没钱得难受想哭，但一看印钞权还在自己手里，就欣慰了许多。又是这位鲁莽总统穆加贝一声令下，开动印钞机昼夜不停地印钱。

但这个国家产出的物资没有变多，而只是钞票变多了。谁都能想明白，这个国家一定会跟曾经的德国一样，物价飞涨。的确如此，津巴布韦开始进入人类史上最疯狂的通货膨胀模式。

2006年8月，津央行以1 ∶ 1000的兑换率用新津元取代旧津元。

2008年5月，津央行发行1亿面值和2.5亿面值的新津元。

6月，发行5亿、25亿、50亿面值的新津元纸币。

7月，津央行发行100亿面值纸币。

8月，政府不得不又出新货币，规定100亿 ∶ 1兑换成最新津元。

2009年1月，津央行迫于无奈，又发行100万亿面值的新津元。你没看错，就是面值100万亿，面对这个不值钱的钞票，黑人兄弟们都懒得去数有几个零了，因为随便一个面包的价格都是几百万亿津元。

2001年，100津元可以兑换1美元，而几年后的2009年，10的31次方的新津元才能兑换到1美元，人类的一般算术对于津元已经有点不够用了。在这个国家，货币计数必须启动幂函数几次方的高级数学知识了。

新津元彻底沦为垃圾货币，人们纷纷抛弃新津元转而使用外国货币。2009年4月，政府不得不宣布，津巴布韦发行的新津元退出法定货币体系。

随后，美元、人民币、日元、澳元、印度卢比等陆续成为津巴布韦的法定货币。也就是说，这个国家玩死了自己国家的法定货币，如今已经没有人相信和使用自己国家的法定货币了，被迫人人都用外币。

津巴布韦的故事告诉我们，央行随意发行货币最后会让一个国家陷入万劫不复，最严重的结果可能是被迫放弃自己的国家货币。那么，到底一个国家每年新印发多少数量的货币是合理的呢？

在“金本位制”和“布雷顿森林体系”时代，这个问题就非常简单。采用“金本位”的国家要新发货币，必须拿出等比例的黄金，否则就不应该新发货币。所以到后来很多国家因为黄金有限，新发货币受到限制，抑或担心黄金流出，都纷纷退出了“金本位制”和“布雷顿森林体系”。

但随着世界金融体系的不断衍生和发展，金融变得越发复杂，要精确计算一个国家应该发行多少货币，正变成一个复杂的学术性问题。为了简单理解，在此只讨论一个国家应该新印发多少基础货币的问题，也就是可以“看得见、摸得着”的纸币和硬币。

中国香港特别行政区，以“一国两制”的方式运行，所以保留了香港自己的港币，但香港没有央行，所以港币是委托中国银行、汇丰银行、渣打银行三家银行联合发行的。

如果你手里有港币，你仔细观察会发现上面几乎都印有“凭票即付”字样。就严格意义来讲，汇丰、渣打、中银三家商业银行发行的港币是“银行承兑汇票”，而不是真正意义上的钞票。

真正的港币，其实是香港金融管理局发行的硬币和10元纸币，纸币上印有“香港法定货币”字样。

也就是说，现在大部分港币其实是一张“借条”，如果你拿这张“借条”去银行窗口，可以兑换到香港金管局发行的真正货币，也就是硬币和10元面值港币。但由于港币比较稳定，这些“借条港币”早就拥有货币功能，再加上换来换去太麻烦，最后大家就干脆当成钞票流通了。

那么香港对于每年发行多少货币采用什么标准呢？香港采用的是“联系汇率制度”，这个制度源于1983年，当时香港金融管理局规定了港币与美元挂钩，这三家银行每发行7.8港元的钞票，就要向金管局上缴1美元。

比如汇丰银行现在要发行78亿港币，那么汇丰就需要拿出10亿美元上缴给香港金融管理局，然后金融管理局给汇丰开具一张额度允许单，意思是允许汇丰银行可以印制多少港币，这时候汇丰银行才能开始印钞。

中国香港的货币发行比较特殊，相对来说也比较简单，采用直接与美元挂钩。但中国大陆和其他一些国家货币发行却不是如此，要复杂得多。

6．神奇的“货币乘数”

经济学里把“看得见、摸得着”的货币称为 M0。此外，还有你无法触摸的货币 M1、M2。

M0 称为基础货币，也就是“流通中的现金”，大致可以理解为全国人装在兜里、放在家里的现金综合，存在银行地库的不算 M0。

M1 称为狭义货币，M1=M0+ 企业活期存款，也就是企业存款和市场中正在流通的现金之和，居民的个人存款并不计算在 M1 里面。这个 M1 算是个过渡概念，大家关注度较低。

M2 是最被财经新闻重点关注的概念，被称为广义货币，M2=M1+ 居民存款 + 企业定期存款 + 其他存款。也就是说，它包含了所有现金和存款，基本上可以理解为“一个国家所有的钱”。

为什么最受关注的是广义货币 M2 呢？不但是因为 M2 代表一个国家所有的“钱”，它的数量多少、增长速度，直接关系到通货膨胀的压力大小，如果 M2 越多、增长越快，则表明物价上涨得就越快。

假设央行投入市场 10 个亿的 M0 现金钞票到市场，经过银行的多轮流通、存贷之后，广义货币 M2 会成倍地增长，最后可能会变成 100 个亿的广义货币 M2。之所以出现这种情况，是因为货币乘数的存在。

仔细阅读下面的故事，你才能搞懂什么是真正意义上的“货币乘数”概念。这里，我们为了方便计算，假设存款准备金率是 10%，也就是说每一笔存款银行都要上缴 10% 给“央妈”，假设张三存了 1000 元钱到工行，工商银行上缴 10% 的存款准备金给“央妈”保管后，把剩下的 900 元贷款给万科集团，万科拿到钱后就发工资给了李四，李四拿到钱以后赶紧存到建设银行。

当然建行也不会留着钱，再次拿出 10%，也就是 90 元钱上缴给“央妈”，把剩下的 810 元贷款给了百度，百度将这 810 元发工资给王五，王五上街再把这 810 元存到交通银行。

结果张三、李四、王五三个人一起吃饭，他们在酒足饭饱后开始分享自己有多少存款。

张三：我有 1000 元存款，存在工行。

李四：我有 900 元存款，存在建行。

王五：我有 810 元存款，存在交通银行。

神奇的事情发生了，其实大家用的都是这 1000 元的“现金纸钞票”M0 在流转，由于银行机构的存在，经过多次存、贷后，三个人存款总额就变成了一个更大的数字：1000+900+810=2710 元。

如果再经过几次存贷，这个数值还会再次增加，那么这个数字最终是无穷大还是有个最大值呢？

“货币乘数”理论上是有最大值的，最大值就是存款准备金的倒数。比如上面案例中的存款准备率是 10%，那货币乘数就是

10% 的倒数，也就是 10，也就是说，在经过多次流通后，1000 元钱的现金，会变成的 M2 总数 =1000×10=10000 元，也就是说被放了 10 倍。

看到这里，大家应该理解了，对于整个市场“钱”的多少，不仅跟央行印刷发行新钞票有关系，还跟存款准备金率、储蓄率有非常大的关系。

存款准备金率下降，说明市场的“钱”就会变多，钱多了，接下来商品、股市、楼市价格也都会暂时上涨。所以确定发行多少货币，除了国家的 GDP 总数、CPI 消费指数，还需要考虑流通速度、存款习惯等，这其实是一个超级困难的事。

因此，一个国家在考虑印刷货币数量的时候，要纵观整个经济周期里 M2 数量、GDP 增量、民众存款习惯等，以此为依据发行货币调节市场的流动性。所以，具体要印发多少货币是一个非常复杂、极具难度的技术活儿，绝非拍脑袋就能简单确定的。

国家发行货币，广义货币 M2 会遵循货币乘数增加，而 M2 的增加量，也就是市场上“钱”的增加量，很大程度上决定了这个国家的物价上涨趋势和水平。

我们如果以 1978—2018 年为分析时间样本区间观察广义货币 M2，就可以看出在这 40 年里发生的有意思的变化，其中的含义值得每个人细细品味。

这四十年里，各国 M2 变化速度各异，美国的 GDP 增加了 8 倍，而美元增加了 11 倍；日本 GDP 增加了 5 倍，日元也增加了 5 倍；英国 GDP 增加了 9 倍，英镑增加了 56 倍；中国 GDP 增加 91 倍，人民币增加了2015倍。

这些数字正在深度刻画这些国家的物价变迁曲线，这些数字究竟会造成什么样的影响，会怎样影响这些国家的经济发展和居民生活，让我们拭目以待。

第四章

谁在操控美国央行

1．诞生的曲折

美国的建立就像是一个公司的创业过程。

1620 年，第一批清教徒联合创始人乘坐“五月花”号轮船来到北美大陆，150 多年中一路开荒垦土、攻城略地，终于在 1776 年 7 月 4 日这一天成功上市。

虽然这家“美国集团”公司上市了，但接下来有很多事情需要做，其中一件最重要的事情就是开会商量一件大事，议题是到底要不要建立一家中央银行。按照以前英国的老规矩，这应该是自然而然的事，但这一次在美国却吵得不可开交。

吵架的双方都不是善茬：一方是《独立宣言》执笔人、后来的第三任总统杰斐逊；而另一方则是美国第一任联邦财政部长汉密尔顿。

汉密尔顿：以一个财政部长的角度看，有必要建个中央银行。

杰斐逊：财政部长了不起？我还写了《独立宣言》呢，我反对。

汉密尔顿：那你过来，给大家说说理由，我保证不打你。

杰斐逊：中央银行一旦成为国有机构，就会占尽优势，形成垄断。

汉密尔顿：没有中央银行，谁来发行货币、制定货币政策？

杰斐逊：各个州立银行就可以发行货币啊。

汉密尔顿：美国这么多州，需求很难统筹，肯定效率极低。

杰斐逊：那我不管，但我就是反对建立中央银行。

汉密尔顿：信不信我削你？

杰斐逊：有本事下班你别走！

吵到最后，双方不得不各自做出让步，既不搞集权的国家性银行，但也不全部交给各个州立银行发行货币，而是创建一家私人性质的全国性银行——美国第一银行。

按照合同，美国第一银行只有20年授权期限，负责发行全美20%的货币，其他80%的货币依然由各个州立银行来发行。在这个双方各有妥协的政策下，开启了美国建国后的第一个中央银行体系。

美国第一银行不但是私人银行，而且 70% 的股东是欧洲人，英国就是整个欧洲的大哥，所以不久后美国人就觉得有一丢丢的不妥，万一以后欧洲特别是英国老大哥控制了美国金融怎么办呢？但合同都签了，也不好反悔，只有耐着性子等吧。

于是，美国第一银行 20 年合约到期后，国会果断终止了合约。1811 年，美国第一银行被迫关门大吉，美国人觉得中央银行这事可有可无，大家都比较忙，也都懒得再提这个茬了，但仅仅过了一年，就出了一件大事。

第二年是 1812 年，这一年欧洲大陆乱成一锅粥，英、法两国战争爆发，英国皇家舰队占领了海洋，法国陆军控制了陆地，双方斗个你死我活，互不相让。而美国刚打完独立战争还没有缓过气来，因此打心底实在不想参与战争了，只想在一旁做个安静的“美”男子。

于是美国就瞅准机会，开始搞海上贸易发点战争财，一会儿卖粮食，一会儿顺带卖点武器。但时间一长，英国就看不下去了，为了能围堵法国、切断法国战争物资，英国下令封锁海上贸易，不但强行搜索美国海上船只，还把美国海员抓走当壮丁，强征入伍派往前线打仗。

美国虽然刚成立不久，只想赚钱并不想打仗，但是也咽不下这口气，于是果断和法国站在一边。

美利坚：你为啥拦我的船只，抢我的物资，还抓我的船员？

英国：谁叫你卖粮食给法国，你没看到我正跟他干仗吗？

美利坚：我是个做生意的，我管你们打不打仗。

英国：我还就抓了你的人了，已经派到前线了，不服气？

美利坚：你能要点脸不，信不信我收拾你？

英国：那你来呀，是不是上次没打够？

美利坚：你等着，我去叫人！

于是，1812年6月18日，美国正式对英宣战，英、美两国在北美独立战争胜利36年之后，再次打了起来，历史上称为“美国第二次独立战争”。

战争中英美双方各有优势，僵持不下，谁也赢不了谁，大家觉得为了一口气这样打下去也什么意思，思来想去还是决定停火。

1814年，双方签订了《根特条约》停止了战争，两个小伙伴礼貌地握了握手，然后不禁抱头痛哭。因为这次战争双方都是啥也没捞着，但这两年混战损失却不小，白白浪费无数真金白银。

尤其是美国，本来成立没有多少年，存款并不多，但这次战争花费巨大，不得不在国内向人民借债。

于是，美国在国内发行了大量的国债券，为了赶紧印点钞票还上战争欠下的债务，国会不得不在1816年通过了建立第二个中央银行——美国第二银行，特许经营权同样为 20 年。

然而，这一次引起了更大的风波，民众认为美国第二银行的设立就是再次开启了国家金融垄断，这个国家银行的业务开展势必会与各州银行抢夺利益，这也就违反了美国的建国理念：美国联邦不得干预各州的事务。

这时，刚好美国开始总统换届选举，为了迎合民众心理，竞选人安德鲁·杰克逊——美国民主党的创始人之一，就索性把“要杰克逊，不要银行”作为竞选口号。

他认为美国第二银行是一个精英机构，挟国际财阀集团之势，垄断金融业，牺牲普通民众的利益，偏袒东部制造业的发展，必须把这个银行干掉。

1833 年，杰克逊顺利当上总统，也兑现了自己的竞选承诺，把财政部的存款全部转移到州立银行，削弱了美国第二银行继续存在的理由。当然，第二银行的“中央银行”执照在 20 年期限到期后，依然没有续约，并最终于 1841 年倒闭。

杰克逊担任了两届共 8 年总统。据说，在杰克逊卸任总统后，有人问他在总统任期内的最大成就是什么，杰克逊回答说“我干掉了那家银行”。总统杰克逊说“干掉”的那家银行指的就是美国第二银行。

此后近 80 年的时间里，美国人过着没有中央银行的日子，倒也是逍遥自在、风平浪静。

就在美国人全都觉得美国不需要中央银行的时候，发生了前面讲过的 1907 年信托公司“挤兑”风波，在摩根出面主持大局的情况下，美国才免遭更大的金融灾难。

于是，大梦初醒的美国人终于明白，美国确实需要一个正式的中央银行。这一次，已经见识过“挤兑”巨大威力的人们，对成立中央银行再也没有异议和分歧，进行得异常顺利。

1913 年 12 月，美国国会通过了《联邦储备法》，在美国建国 137 年之后，终于正式成立了自己的联邦中央银行——美国联邦储备系统，简称“美联储”。

2．巧妙的制度设计

虽然要成立“美联储”是板上钉钉的事情，但为了防止出现“美联储”权力过大，美国人在设立之初，还是留下一个回旋余地，那就是“美联储”不是一个政府机构，而是一家私营企业。

作为一个非政府机构，“美联储”就可以更大程度上摆脱政府控制，全权由经济专家团队而不是政客来决定货币政策，这样一来，美联储既与政府相关，又能独立于政府和政治之外。

而且，为了能让“美联储”尽可能地制定公正的货币政策，条例规定，未来的“美联储”主席要求必须是非政治人士，这样才能尽量与政治切断联系，以避免被政客操纵。

事实上，这种设计确实有其高明之处，给予了专家更大的决策权，让美国的经济多次化险为夷。

1993 年 10 月，美国经济形势开始急剧攀升，有引发通胀的前兆，当时的“美联储”主席格林斯潘力排众议，决定连续 7 次调高基准利率，控制了市场上货币流通量，使美国经济成功软着陆，免于通货膨胀。如果“美联储”属于政府机构，这样频繁高效地调整在美国冗长的决策体系中，几乎是一件不可能的事。

格林斯潘是“美联储”的第13任主席，由里根总统提名担任，他也是任期最长的主席，任期从1987年到2006年，一共20年之久，跨越六届美国总统。

当然，这也是“美联储”史上最硬气、最具个性的主席之一，多次怒怼总统，只秉承专业精神，有时候甚至六亲不认。

1990年夏天，美国总统老布什多次找格林斯潘面谈，希望“美联储”能够超发货币，这样就能暂时提升经济、降低失业率，这样有利于自己下一届连任。老布什当时是权倾天下的美国总统，按道理说，再怎么也得给他几分薄面，但实际场面却有点儿尴尬。

老布什：老潘，快让美联储加印货币，把经济搞上去，我好连任。

格林斯潘：我计算下，看下是不是应该印发货币。

老布什：感谢，在线等，挺急哒。

格林斯潘：我算过了，现在不能发货币，抱歉了兄弟。

老布什：你别忘了，我可是总统，信不信把你丫给搞下去。

格林斯潘：不信，因为总统没有撤销我的权力。

老布什：你能不能通融一下？

格林斯潘：不行，这是原则，我必须保证自己的专业性。

老布什：你要上天了你！

格林斯潘：是的，我就喜欢别人看不惯我、又干不掉我的样子。

为何格林斯潘连总统的面子也不给呢？原因是美国总统只能提名“美联储”主席人选，却不能开除他。据说正是因为这一年美国经济的不良表现，最后老布什没有成功连任。

这是个很有意思的设计，这样既可以保证“美联储”的独立性，又可以保证其专业性。因为美元是世界货币，而非仅仅是美国国家货币，所以需要更为独立的决策权，才能让“美联储”主席恪守公正和底线。这也是保持美元信誉的最好方法。

当然，央行大量发行钞票，确实是能让经济暂时高速增长的捷径。因为货币多了，商业银行就能以很低的利息拿到央行贷款，企业也能以较低利息借到钱扩大经营，民众也能以低利息借到钱消费，这样市场就繁荣起来了。但这样做危险也是很明显的。

有人说，繁荣应该是好事，为什么有危险呢？因为货币是一把“双刃剑”，发多了就会引发通货膨胀，继而导致社会动乱，就如津巴布韦一样，严重时国家会被拖入泥潭，一蹶不振。

防止通货膨胀的方法之一就是让央行更加独立，央行以自己的专业性做出判断，这也是许多国家多次惨痛经历总结出来的经验。在第一次世界大战和第二次世界大战期间，发生在全球的各种恶性通胀，最直接的原因就是央行缺乏独立性，被政客操控的结果。

现在，很多国家都在推行央行的独立性，比如中国央行、日本央行、英国央行等。也就是说，政府领导人不能随意解雇央行行长，这样央行行长才有底气坚持自己的专业判断。

3．离奇的总统被刺事件

1865 年 4 月 14 日的夜晚，美国第 16 任总统林肯正参加庆祝南北战争胜利的活动。他当时坐在首都华盛顿福特剧院总统包厢看演出，一个名叫布斯的演员在总统保镖离开后进入包厢，连续多次开枪击中林肯头部。

他在刺杀林肯之后，仓皇逃出剧院，两个星期后，布斯在逃亡途中被警察击毙。但令人遗憾的是，林肯在遇刺第二天的凌晨不幸去世。

那么这个凶手怎么能进入戒备森严的包厢呢？据说这个包厢本来有锁，但门锁在几天前就损坏了，而且这件事却没有人报告给安全部门，当然也就没有人来修理。

当时，布斯穿着演员服饰进入包厢，恰好守卫又离开了，凶手选择在戏剧高潮处开枪，观众的笑声掩盖了枪声，周围的人几乎毫无察觉，凶手共开枪 8 次，林肯被击中 6 次，其中 5 次击中要害。

击毙凶手后，警察在凶手乘坐的马车里找到多封密码写成的信，上面有凶手跟很多人的秘密信息，经过多方面调查和解码，发现这个凶手跟一个叫犹大 · 本杰明的人有密切联系。这个犹

大 · 本杰明是美国政府中的一个官员，但在刺杀总统事件后逃到了英国。

林肯遇刺事件引起全美热议，分析家认为可能有更多人参与其中，不但包含林肯身边的随从，还可能有纽约、费城的银行家。据说，林肯之所以被刺杀的重要原因，跟“美联储”有紧密关系，因为林肯有意削弱美联储的地位。

1861 年，美国内战爆发，这场南北战争造成了 75 万人死亡、40 多万人伤残。内战期间急需用钱，这时候，有权有势的罗斯柴尔德家族希望美国从他那里借高利息贷款，但林肯总统拒绝了这一请求，而是选择由政府发行新货币——绿币来支撑战争。

绿币总共发行了 4.5 亿，流通非常良好，看起来似乎有可能取代美元。也就是说，林肯想要用政府主导发行的绿币替代“美联储”发行的美元，以削弱“美联储”的影响力。这样一来，不受政府控制的“美联储”就可能被边缘化。

如果失去发货币的地位，“美联储”就跟一个普通的私人公司没有任何区别，“美联储”背后的那些股东和家族的利益就会受到极大的损害。所以分析家认为，正是这些背后的家族派人除掉了林肯。果然，在他死后不久，国会宣布废除林肯的新币政策，其倡议发行的“绿币”也随即被废止。

后来，凶手布斯的孙女伊左拉还在回忆录谈及这件事，她相信林肯被刺与欧洲银行家有关，因为布斯在行刺之前多次去过欧洲，而和凶手关系密切的犹大 · 本杰明，可能就是罗斯柴尔德银行家族下面办事的小弟。

德国铁血首相俾斯麦早就预言："林肯从国会那里得到授权，通过发行'绿币'来筹集战争款，这样政府和国家就从金融家的控制中跳了出来。当那些银行家明白过来美国将逃出他们的掌握之时，林肯的死期就不远了。"

如果说林肯总统被刺杀是巧合，那么接下来的肯尼迪总统被刺案件就更加诡异，更具戏剧性，更让人匪夷所思。

1963 年 11 月 22 日，美国第 35 任总统肯尼迪在得克萨斯州的达拉斯市遇刺身亡。

刺杀肯尼迪的凶手叫奥斯瓦尔德，不久就被警察抓获。但奇怪的是，正当警察押解着罪犯从警局到监狱的途中之时，凶手却在众目睽睽之下被另一名犹太杀手枪杀。

更具戏剧性的是，这个犹太人刺杀凶手的过程被电视全程直播，凶手就在直播画面中被杀，美国上百万人在电视机旁看到了整个枪杀过程，而后面这个犹太人说自己的动机竟然是"要向全世界的人展示犹太人的胆量"。

调查显示，凶手奥斯瓦尔德在 5.6 秒内连发三枪，其中一发子弹打偏，一发击中肯尼迪颈部，一发命中肯尼迪头部而致命。凶手能在这样短的时间里准确射击三次，确实有点儿难以置信。所以，很多弹道专家认为，可能不只一个凶手，而是多个凶手从不同的方向朝肯尼迪开枪，而且不止三发子弹。

人们惊讶地发现，这次刺杀案又跟"美联储"有密切关系。

因为肯尼迪当时正准备签署总统 11110 号令，这个总统令主要内容就是以国家的名义发行白银券，以美国白银储备为基础的白银券，其实就是一种新货币。媒体当时普遍认为，这白银券很有希望挑战美元，“美联储”面临再次被边缘化的命运。

肯尼迪以此想收回货币发行权，希望政府能够掌控货币发行权，但随着肯尼迪去世，约翰逊总统继任不久以后，11110 号令和白银券也随即被废除。

4．神秘的共济会

美国学者尤斯塔斯号称，经过他近半个世纪的研究，终于得到了“美联储”成立之初的企业营业执照，上面清楚记录了最原始的股份构成。

美联储经过多次重组，到 1983 年为止，前五大股东分别是：花旗银行 15%；大通曼哈顿银行 14%；摩根信托 9%；汉诺威制造 7%；汉华银行 8%；五家合计占比 53%。

他认为，正是这五家公司控制了美联储，而这五大公司又被几个家族控股，如罗斯柴尔德家族、摩根家族、洛克菲勒家族等。也就是说，“美联储”实际上是被这些家族间接控制。

其中，实力最为雄厚的是罗斯柴尔德家族，这个家族有一句名言：“只要我能控制一个国家的货币发行，我不在乎谁制定法律。”但是，据说它依然不是控制“美联储”的主角，罗斯柴尔德家族背后，还隐藏着一个更为神秘的组织：共济会。

共济会的英文正式原名为 Freemasonry，直译即“自由石匠协会”，其标志上有圆规和曲尺图案，估计是石匠使用的工具之意。其协会的公开文献《共济会宪章》中，将其历史追溯至公元前 4000 年，自称是《圣经》里的亚当时代掌握着几何、自然、科学知识的石匠创造了这个组织。

看起来共济会当初有点类似行业工会，而并非宗教组织。他们最初目的是想以理性和知识克服人类弱点、重回神的领域。这些石匠秘密交流天文、几何、人体解剖学的知识，互称“兄弟”，以图重建上帝的秩序。

17 世纪初叶，共济会完成了革命性变革，因为欧洲兴起波澜壮阔的宗教改革运动，英国、德意志等地出现了许多新教团体与天主教会决裂加入共济会，共济会由一个手工业者的秘密小团体逐渐转变为社会精英分子组成的秘密协会。

在清朝时，向中国贩售鸦片的东印度公司就直接隶属于英国共济会。共济会的成员几乎都是全世界的精英阶层，如伏尔泰、孟德斯鸠、狄德罗、孔多塞侯爵、马克 · 吐温、歌德、菲德烈大帝、乔治四世、乔治六世、爱德华七世、爱德华八世等，包括乔治 · 华盛顿等在内的 15 位美国总统都是共济会成员。

传闻在美国钞票中也藏着玄机，1 美元钞票的正面图案是美国“国父”乔治 · 华盛顿头像，背面右侧是美国国徽，左侧有一个奇怪的图案：类似于金字塔的顶端有一只独眼。

这就是大名鼎鼎的共济会符号——独眼金字塔，塔顶三角形之间镶嵌的“独眼”叫“荷鲁斯之眼”，也叫“上帝之眼”。上面一行拉丁文的意思是：天佑基业。下面一行拉丁文的意思是：世界新秩序。

现代的共济会被传说描述成一个集金融、政治及情报与宗教活动四位于一体的影子组织。而为共济会提供运营资金支持的是“路西弗基金会”，而该基金会幕后正是刚才说到的显赫家族——罗斯柴尔德家族。

据说，创建“纽约证券交易所”和“美联储”幕后的操盘手正是共济会。而根据更为“阴谋论”的说法，就是因为林肯和肯尼迪都不是共济会成员，所以他们才会都死于共济会暗杀，这似乎为共济会神秘的力量又增加了一丝笃定的色彩。

虽然“美联储”具有较强的独立性，似乎可以一手通天做出决策，但事实上，并不是所有事情都是“美联储”自己说了算，它一直以来都受美国议会的管制，其货币方案需要参众两院通过才可以实施。

大家在新闻中常听到的“美联储 QE 政策”（Quantitative Easing），中文就是“量化宽松”的意思，也可以简单理解为“印钱”。由于美元是全球货币，因此，美国央行“美联储”每一项政策在全球的影响可想而知，甚至有人说“美联储打个喷嚏，全球经济都会感冒”。

2020 年初，由于全球疫情暴发，经济受到严重挑战，3 月 23 日，“美联储”宣布了开放式的资产购买计划，即本周每天都将购买 750 亿美元国债和 500 亿美元机构住房抵押贷款支持证券。消息一出，全球股市应声而涨。

从前面讲过的知识可以知道，购买国债其实就是一种公开市场操作，也就是“央妈”往市场投放货币的方式之一。现在的频率是“每周例行购买”，那就意味着短期内这是一种无限量、无限续杯式的量化宽松，无限量地投放美元，直到达到稳定金融市场流动性和经济的目的。

前面讲过，如果一个国家超发货币，这个国家就会货币忽然数量增加，如果物品并没有相应增加，这个国家就会出现通货膨胀。但美元是一种全球货币，如果美元大量投放市场，会出现什么情况呢？

同样道理，如果美元超发，也会引发美国通货膨胀。但美元与其他货币超发还有些不同，其他货币超发一般只会影响自己国内的物价，因为美元是全球货币，所以它的超发不但会引发美国国内通胀，还可能会引发全球通胀，因此“全球经济感冒”并非危言耸听。

共济会与“美联储”之间的关系，至今依然笼罩着一层神秘面纱，人们无从得知这个神秘组织是否真的掌控着“美联储”，也不知道其背后是否真有通天的神秘力量。相信随着时间流逝，一切真相都会慢慢被揭晓。

小白经济学

第　二　部　分

你必须懂的经济学知识

风险与拥有的知识量成反比。

——欧文 · 费雪《利息论》

第五章

有趣的经济学原理

原理 1. “人均 GDP”才反映国民富裕程度

2011 年 2 月 14 日，这一天对中国来说有着非同一般的意义。

根据日本内阁当日公布的数据，2010 年日本 GDP 为 5.47 万亿美元，而中国为 5.88 万亿美元，中国 GDP 总量首次超越日本，居世界第二位。

自从 1968 年日本超越德国占据世界第二的宝座已有 42 年。1995 年，日本 GDP 是中国的 7 倍，仅仅 16 年后就被中国轻松超越。到 2018 年底时，中国 GDP 达到 13.61 万亿美元，已经是日本的 2.7 倍了。

GDP，中文意思是“国内生产总值”，通俗一点讲，就是一个国家的财富和家底。它是指国家一年内生产物质、服务等的价值总和，包含大米、小麦、猪牛羊、钢铁、汽车、家政服务、法律咨询服务、金融服务等。

也就是说，GDP= 第一产业（农业）+ 第二产业（工业）+ 第三产业（服务业）。

通常情况下，一个国家 GDP 越高，表明这个国家经济实力越雄厚，反之则表明经济实力落后。那么，中国 2018 年 GDP 是日本的 2.7 倍，是不是意味着中国国民就比日本国民更加富裕呢?

答案可能并非如此。一个国家国民的富裕程度，并不由 GDP 总量决定，而是由另外一个数据“人均 GDP”决定，也即是说，我们虽然总量比日本大，但我们人更多，可能均摊到每个人反而比日本少。

中国有 14 亿人口，而日本只有 1.26 亿人。截至 2019 年年底，中国人均 GDP 首次突破 1 万美元，而日本人均 GDP 高达 4 万美元，是中国的 4 倍。日本人均 GDP 排在全球第 33 名，而中国则排在第 83 名。

所以，可以简单地认为，2019 年年底，日本国民平均富裕程度大致为中国国民的 4 倍。可见，中国国民富裕程度要赶上日本，还有很长的路要追赶。

下面再看另外两个典型国家：一个是 GDP 总量全球排名第一的美国；一个是印度。

2019 年年底，美国的“人均 GDP”为 6.5 万美元，而印度人均仅仅有可怜的 0.21 万美元，美国国民富裕程度约为印度的 31 倍，可见这两个国家的差距真的不是一星半点。

印度人口跟中国相当，2019 年中国全年 GDP 总量是 14.36 万亿美元，而印度是 2.85 万亿美元，中国“人均 GDP”也大致是印度5倍。不过，印度有母语为英语、软件外包人才众多、国民年龄结构较为合理等优势，其未来潜力也不可小觑。

而世界“人均GDP”排名第一的国家是哪个呢？虽然一直传闻摩纳哥和列支敦士登这两个小公国人均GDP最高，但由于这两个国家实在太小，只有3万多人，不太具备参考性。

所以，一般认为世界“人均GDP”排名第一的国家是卢森堡。该国60多万人口，几大产业颇具竞争力，更符合一个具有参考性的发达国家样本。卢森堡2019年年底“人均GDP”达到11.44万美元，如此土豪的数字，甩全球其他国家无数条街。到底是什么让这个国家如此富有呢？

卢森堡位于欧洲西北部，被法国、德国和比利时包围，是一个内陆小国，因国土面积小、古堡多，又有“袖珍王国”“千堡之国”之称。卢森堡国土面积仅有2500平方公里，相当于一个边长为50公里的正方形，而人口总数只有区区60.2万，这数量甚至只相当于中国的一个小区——据说北京天通苑小区居民高峰期达到了60万人。

卢森堡是欧盟和北约创始成员国之一，是一个工业、服务业高度发达的地方，钢铁、金融、广播电视、航空运输是其四大支柱产业。

卢森堡有“世界钢铁之都”的称号，著名的米塔尔钢铁集团不仅是卢森堡的第一大企业，也是世界第一大的钢铁集团。这家公司钢铁产量占据了全球钢铁总产量的8%，年销售额接近800亿美金，依靠莱茵河和鹿特丹港的巨大运输能力，源源不断地运输到全球。

卢森堡的金融业非常发达，特别是其首都卢森堡市，是欧洲重要的金融中心，在全球排第八位。目前中国银行、工商银行、建设银行、交通银行、招商银行、农业银行，均已选择卢森堡作为各自在欧洲的“大本营”。

卢森堡的广播电视业异常发达，行业中有名的欧洲卫星公司总部就在卢森堡。欧洲卫星公司拥有 52 颗卫星，全球卫星信号覆盖率达到 99.999%，是欧洲第一、世界第二大的广播电视公司。

卢森堡的航空运输业也不可小觑，卢森堡航空（Cargolux）是欧洲第一、世界第十的全货运航空公司，占据了全球市场 4% 的份额。2019 年 7 月，国际航空运输协会（IATA）最新发布的报告，卢森堡航空排名全球第八名，中国国航紧跟其后，排名第九。

可见，GDP 总量只是代表一个国家的财富总量，而只有“人均 GDP”才能反映这个国家国民的富裕程度。卢森堡与一些阿拉伯国家依靠石油、矿产等天然资源不同，而是依靠发展制造业、服务业达到让人不可思议的富裕程度。

原理 2．人们时刻面临取舍

1940 年，“二战”进入白热化阶段，11 月 14 日傍晚 19 点 05 分，英国中部城市考文垂上空忽然响起了刺耳的防空警报。

五分钟后，德国轰炸机飞临城市上空，一波接一波的轰炸进行了 10 个小时。据统计，在此次空袭中，500 多家店铺和 5 万多间民房被炸毁，12家飞机零件工厂处于瘫痪状态，死伤5000多人，考文垂成了“二战”中英国遭遇轰炸最惨烈的城市。

英国首相丘吉尔默默地看着这一切，心中五味杂陈，愤怒、懊悔、内疚久久不能平静。因为丘吉尔早已得知德国要空袭考文垂，但他经过反复考虑后，最终决定不采取任何预防和转移措施。

为什么丘吉尔会做出如此残酷的决定呢？原来，英军情报机构经过长期艰难的努力，终于破获了德军最高难度的密码系统，但德军并未发现密码已经被破解，此后英军一直在不间断监视德军的军事动向。

1940年11月12日，丘吉尔靠这个破解的密码系统得知德国将要空袭考文垂，该计划命名为“月光奏鸣曲”。此时，丘吉尔陷入左右为难之中，如果提前疏散市民、进行预防的话，那么希特勒肯定会得知自己的密码已经被破译，一定会立即更换密码系统，英国辛苦多年的努力就会化为泡影。

如果德国启用全新密码系统，再次破解的时间完全无法确定，这对于目前争分夺秒的战争来说，那将是无法估量的损失。为了保住这来之不易的破解成果，丘吉尔做出了痛苦又大胆的决定：装作不知道。

所以，考文垂没有做任何的防御措施，几乎任由德军轰炸。事实证明，丘吉尔的这一决定非常正确，对考文垂的顺利轰炸让德国人对密码泄露依然毫无察觉，当然也没有更换密码系统。

此后，英国依靠这套破解的密码系统，多次截获敌人的重大情报，给予德军沉重打击，甚至迫使希特勒放弃了在英国登陆作战的“海狮计划”。正是该计划破产，使英国守住了当时盟军在欧洲的最后一道防线。

1942 年 11 月，在北非阿拉曼战场上，破解的情报也发挥了重大作用。由于英国对德国将领隆美尔的战略战术计划、实力部署、后勤供给事先了如指掌，仅仅用了 13 天，德军就损失 6 万人和 500 多辆坦克，德国“沙漠之狐”隆美尔惨败于非洲沙漠。

丘吉尔做出了有关天下局势的艰难选择，而在日常生活中，人们也会无时无刻不面临选择：早餐是喝粥还是豆浆、要不要立刻买房、出行选择飞机还是高铁等。这只是生活中无数类似选择的一部分，事实上，人每天都要做出大大小小的选择。

正因为人们有无数选择，所以催生了经济学。经济学可以帮助人们做出更好的选择。经济学让你知道如何选择才最合算、最理性、最符合自身利益最大化，或者说帮助你明白应该放弃什么。

当然，这里所说的利益最大化，并不只是指金钱。利益所代表的含义对每个人可能并不相同，比如袁隆平、黄旭华这样一批优秀的科学家，他们为自己的人生做出了选择，他们选择了科学研究而放弃奢华生活；那些“新冠病毒”流行期间的“逆行者”，他们放弃自己的安危而选择了拯救众生。

所以，对于很多人来说，金钱、资产是利益，而对另外一些人，道德、情义、认同、名声就是利益。事实上，在中国人的传统文化里，很多时候正是这样的精神利益约束着人们的行为，虽然近年来精神利益在不断减弱，但相信这个阶段是暂时的。

原理 3. 成本总是无处不在

（1）机会成本

孟子，战国时期著名的哲学家、思想家、政治家、教育家，也是中国儒家学派的代表人物之一，地位仅次于孔子，与孔子并称“孔孟”。

孟子有一句中国人非常熟悉的话，“鱼，我所欲也，熊掌，亦我所欲也；二者不可得兼，舍鱼而取熊掌者也。”意思是说鱼和熊掌不可都得到的情况下，如果选择熊掌，那么就要放弃鱼。

这个熊掌，就是经济学里所说的“机会成本”。其含义是，你要选择一样东西，必须放弃另外一样东西，而被放弃的这个就叫机会成本。比如，丘吉尔选择了保留密码系统，放弃了考文垂，那么，考文垂就是丘吉尔选择的“机会成本”。

在日常生活中，人们每次做出选择都意味着付出了机会成本。你现在可以仔细回忆一下，在以往的生活中，你为某个选择到底放弃了什么机会成本。机会成本有很多种分类，它可以是时间、机会、利益，甚至生命。

比如，你选择陪女朋友看一场电影，却因此放弃参加一次互联网论坛。那么，你的机会成本就是你参加这次论坛可能给你带来的人脉、圈子、合作机会等。

（2）沉没成本

当然，人们在做出选择时，可能由于个人知识和经验的局限，做出的选择未必明智。如果选择错误，那么就意味着付出的“机会成本”根本不值得。

接着上面的案例，你放弃参加互联网论坛，选择陪女朋友看了一部垃圾电影，结果进电影院看了不到30分钟，你就立刻后悔了。你无法忍受这电影五毛特效、弱智剧情、乡村重金属配乐，于是你拉着女朋友中途退场了。

但购买两张电影票的120块钱已经退不回来了，这120块钱就被经济学上称为“沉没成本”。沉没成本是“已经付出去了、不能收回、但回报价值又极低的成本”。这张电影票即是如此，已经购买不能退票，观影体验极差，也就是毫无回报。这就是明显的“沉没成本”。

面对“沉没成本”怎么办才好？最聪明的方式之一就是要学会“及时止损”法则，以此来结束一个明显错误的选择。

比如这次观影中，在你明白这次选择错误的情况下，应该立刻退场“及时止损”。如果等你硬着头皮看完两个小时的电影，除了耽误时间，你可能需要几天才能走出心理阴影，你的损失就会变得更大。

因此，当人们面临这种已经付出了成本、无法收回、回报价值极低的成本投入时，一定要学会尽快终止、及时止损，否则会给自己带来更多的烦恼。

假设你谈了一段七八年的恋爱，现在开始发现情况有点不对劲，你发现彼此价值观、习惯、理想差异越来越大。如果分手，你觉得不甘心，因为毕竟已经付出太多时间、精力、金钱、感情。但是如果不分开，以后情况可能会更糟，这就是很多女孩子遇到渣男后无法下决心分开、继续藕断丝连，最后被骗得悲痛欲绝的原因，也就是没有学会对“沉没成本”进行及时止损。

其实很多网络诈骗也是如此，对方可能先让你汇款 100 元手续费，然后再让你汇 500 元建档费，然后再让你汇 5000 元受理费，这时你怀疑自己上当了，要求对方退款，对方答应你可以退款，但必须支付 1 万元退款保证金，因为你已经付出了 5600 元，这部分“沉没成本”让你犹豫了。于是你抱着侥幸的心理继续配合对方汇去保证金，以此希望挽回前面的损失，但往往事与愿违，不但没有收回成本，而且又损失了 1 万元。

所以，如果出现类似情况，应该果断终止继续汇款、立刻报警，对于骗子千万不要抱任何幻想，果断放弃“沉没成本”，以此避免更大的损失。

（3）边际成本

早晨 7 点 30 分，在北京首都国际机场，海南航空的一架飞机正在进行最后的检票登机程序。50 分钟后，这架飞机将起飞前往成都双流国际机场。

正常的票价大约为 1000 元，假设此时，这架飞机还空余 3 个座位，如果海航给出一个比较优惠的价格，那些等待其他航班的旅客就会选择立刻购票，然后该飞机就可满载乘客起飞。

那么，海航的售票窗口此时最好的选择是什么呢？是否应该降低票价，吸引正在等待的旅客呢？

答案是肯定的，因为海航这班飞机的燃油、机组工资、机场使用费等成本几乎全部锁定，再增加几个顾客，也不会让这架航班成本增加。也就是说，即使海航将这3个座位以300元的超低票价售出，结果也是净赚900元钱，这并不奇怪，这就是经济学中著名的“边际成本”。

经济学上给边际成本的定义是“每新增加一个单位的产量而增加的成本”。对这一个航班来说，就是每增加一个乘客而增加的成本。在这里，增加一个乘客，航空公司增加的成本几乎为零。也就是说，无论这余下的3张票卖出什么价格，都是航空公司的净利润。

再比如，北京的一家电影院马上要上演午夜场的《复仇者联盟4》，票价是80元，放映前两分钟，场内还有两个空位。他们也面临同样的问题，这家影院到底要不要以30元的价格吸引观众呢？

事实上，电影院工作人员的工资、场地费、电费、电影版权费都已经锁定，影院不会因为多出几个观众而增加任何成本。如果在临开场前多卖出几张票，这是真真切切地增加了收入，所以，他们应该在开场前果断低价售出空位，以充分利用这些座位增加收入。

在商业经验中，“边际成本”的应用也非常广泛，企业生产多少东西、如何定价才是最合适的呢？答案就是规模效应。因为成本固定，随着规模的增加，边际成本会逐渐减少。

比如，京东商城整个企业的人力成本、物流成本、企业宣传、技术团队的成本基本锁定，来京东购物的人越多，每增加一个顾客带来的成本会逐渐减少，直至无限趋近零。

原理 4. 边际效应递减

一天，张飞和关羽带兵误入沙漠，经过三天的跋涉终于走了出来。他们又渴又饿、头晕眼花，沙漠尽头出现了一家饭店，于是他们赶紧走了进去。

张飞：小二，给我来一盆馒头、三斤牛肉、两斤酒。

关羽拿起一个馒头：来，给你，三弟你赶紧吃。

张飞：好香呀，这应该是我吃过的最好吃的馒头。

店小二：客官，你慢点吃，这些都是你的。

关羽：三弟，我看这是你吃的第六个馒头了，很好吃吗？

张飞：还好，不过真没刚吃第一个那么美味了。

关羽：来三弟，这是你的第十五个馒头。

张飞：二哥，你走开，我快吃吐了。

为什么张飞吃第一个馒头的时候那么香甜，到第十五个馒头的时候，会是另外一种感受呢。因为随着馒头增加，这个馒头带给你的饱腹感基本没有了，到第十五个馒头甚至让张飞产生了反感。

这看起来非常奇怪，这些馒头都是一样的，为什么第一个馒头命运那么好，如此讨张飞喜欢，而第十五个馒头却让张飞如此反感呢?

这就是经济学中著名的“边际效用递减原理”。某个事物在一开始收益值会感觉很高，越到后来，感受到的收益值就越少。用通俗的话描述这个过程就是：强刺激——弱刺激——无刺激——反感。

据专家分析，许多种人类能感知的事物，其实都受到这个原理的影响。有一篇名为《幸福递减率》的文章说到类似情况：一位美国青年在非洲沙漠里，口渴难熬，当时得到一杯纯净水，给他带来无比的满足与幸福。而当他回到美国，发现到处都有纯净水，一杯纯净水带给他的幸福感几乎降到了零。

一位中国老人，“文革”期间在北京东单菜市场买鱼，冰天雪地排队几个钟头买回一条胖头鱼，让全家高兴了半个月。后来生活好了，鱼随时都可以买到，而且不用排队，这种非常容易得到的感受，让他觉得现在的鱼没有当年的好吃了。

当年物资紧缺的时候，一条鱼对这个家庭是强刺激，然后慢慢变为弱刺激。现在天天都能吃到鱼，平常得几乎没有刺激了，如果顿顿吃鱼，可能就反感了。

按照心理学理论，幸福是由外部刺激引起的兴奋状态，也就是说，有刺激才有兴奋，而外部刺激源于人们想得到却暂时没得到的事物。当很难得到的事物通过努力得到了，就是强刺激，如果慢慢变得容易了，就发现带给人们的刺激感在不断下降，甚至降低为零。

很多女孩子经常说，不能让对方很容易追到，很容易得到的事物就不知道珍惜。这句话虽然比较片面，但依然有其经济学道理。人们对于非常容易得到的结果，通常表现为弱刺激，所以从这个角度来看，这句话也是非常有道理的。当然，这只是理论，很多一见钟情、闪婚的情侣依然非常幸福。

原理 5．人们的行为受价格支配

“1 分 30 秒破 100 亿，12 分 49 秒破 500 亿，全天成交 2380 亿。”2019 年，天猫“双 11”以让人目瞪口呆的速度刷新了单日销售纪录。

为什么全国人民都集中在一天买呢?

因为大家都知道，这一天价格非常优惠，部分商品价格甚至只有平时的三成。正是充满诱惑力的价格，驱动大家不约而同地通宵抢购产品。

经济学中有一个非常重要的关系就是“供需关系”：供给、需求双方在不断博弈和变化，由此带来了价格的升降，当供大于求的时候价格就会下降，当供不应求的时候，价格就会上升。

同样，如果反向操作，效果也非常明显，“双 11”的降价就会提高销量，而且价格优惠越大，越能快速提升销量。可见，降低价格能够改变人们的购买行为，但如果价格上涨，会怎样改变人们的行为呢?

新加坡，国土面积只有719平方公里，差不多是一个边长27公里大小的国家，早在20世纪70年代就遇到现在中国大城市面临的拥堵问题。由于新加坡国土非常小，拥堵带来的负面影响更加明显。

新加坡决定用价格来调整人们的行为，成为全球第一个用价格来解决拥堵问题的国家。他们率先推出了交通拥堵收费制度，在早晚高峰，私家车出入繁华区域都要收费。

他们安装了遍布全国的“电子道路收费系统”，新加坡政府要求所有车辆必须安装收费系统智能芯片，这样一来，车辆在高峰时期通过城中心便会自动收费。新加坡每次收费为38美分到4.57美元之间，在周末和公共节假日不收费。

不出意料，这个价格措施确实改变了新加坡人的出行习惯，而且效果非常明显，早、晚高峰期的交通拥堵问题得到了极大好转。那些在高峰期间可开车可不开车的人选择了不开车，而那些在高峰期可出门可不出门的人，大都选择了不出门，或是错过高峰期再出行。

经济学认为，当有一种政策措施影响到人们的经济生活时，人们也会做出相应的调整。涨价时，人们就减少这类消费；当降价时，人们就会大幅度增加这类消费。

当然，也有人会忽略某些价格的细小变化，因为这部分人对这个价格不敏感。比如，一款售价为2万元的LV包价格上涨100块，可能无法影响手握重金的中国大妈消费团，她们对如此小的变化毫无感知，继续排队购买。但如果这款包的价格一下上涨到10万元，那么不少的大妈可能就因此放弃购买了。

香港面积小、道路狭窄、人群密集，还要接待成千上万的游客和购物人群，所以，一直以来也面临着极大的交通压力。但香港并没有发生像北京一样的严重拥堵，难道香港有什么秘方吗？事实上的确有，秘方依然是用价格来解决拥堵问题。

虽然香港对汽车不征收关税，买车的价格较低，但使用成本却十分高昂。汽油价格几乎是内地的 2 倍，而且停车位价格最高可达 600 万元人民币，停车场月租费最高接近 1 万元人民币。尤其是在中环一带，商场临时停车场价格高得离谱，不但价格贵，而且数量还不多。

香港用高价格成功地降低了私家车的出行频率。很多香港人平日工作出行大多使用公共交通，只有到了假日、自驾出游时才选择使用私家车。

在日常生活中，价格也在影响人们的行为，包括购房、购车、租金、过路费等，都不例外。

前不久，国家出台一个规定，节日期间高速公路免费。于是，大家总能看到一个奇怪现象，每当假期最后一天深夜，高速路口就会排起很长的队，因为大家要赶在零点恢复收费前进城。结果造成收费站堵成停车场，这些都是价格无形之中影响人们的行为。

国家与国家之间也是如此，不少国家常常利用价格来遏制对手，达到自己的战略目的，美国就是其中最具代表性的国家。

2018 年 3 月 22 日，特朗普政府宣布“对中国商品征收 500 亿美元关税，并实施投资限制”。然后美国政府公布了一系列加征关税的商品清单。

随后，中国开始反击，宣布对原产于美国的大豆、汽车、化工品等 14 类 106 项商品加征 25% 的关税，中美贸易战爆发，一时间双方剑拔弩张。

加征关税，通俗一点讲就是增加“买路钱”，这是变相地提高产品进入该国家的价格。一旦这种商品在这个国家价格上涨，那么销售量就会大减，也就降低了与该国本土同类商品竞争的优势。

比如，美国对来自中国的无缝钢加征 15% 的关税，这就相当于把中国无缝钢在美国市场销售价格提高了 15%，美国消费者就会减少购买来自中国的无缝钢，转而购买美国国产的无缝钢产品，变相地提高了美国国产无缝钢产品的竞争力。

可见，价格不但会影响人们的日常生活，还成为国家与国家之间的竞争武器，以此争取更多的经济利益，抑或争取更多谈判的筹码。

如果很多事情某个时刻正处于僵持状况，甚至一般方式已经无法解决时，不妨从“价格影响人们行为”的角度来想想办法，说不定可以另辟蹊径，比如常见的交通拥堵、不文明现象等。

原理 6. 贸易惠及所有人

话说一个桃园附近住着三个人——刘备、关羽、张飞，一开始这三个人还没成为拜把子兄弟。而这三个人各有本事，刘备会编草鞋，张飞是杀猪好手，而关羽文武双全。

现在，刘备编了无数草鞋堆在家里，但草鞋不能当饭吃。而张飞杀猪虽然可以管自己吃喝，但也不能老光着脚杀猪吧？关羽就更麻烦了，天天在家读书练武，既不能光着脚练武，也不能饿着肚子读书。

于是，刘备选择在大街上摆个地摊卖草鞋，用卖草鞋的钱去张飞那里买猪肉；张飞则用卖猪肉赚的钱买草鞋、买衣服、买青菜；而关羽则靠着祖上的银子，爽快地花钱买草鞋、买猪肉等。最终这三个人日子都过得很滋润。

这就是贸易，正因为有了人们相互之间的贸易，生活才会变得更好。后来张飞还发现，只要勤快多杀猪、多卖肉就能赚很多钱，有了钱很多东西都可以买到，当然不包括爱情。对于外形孔武有力的张飞来说，爱情毕竟不是想买就能买的。

于是，这三人靠着初期从事贸易的积累，一个个都生活得有模有样，不久后三人在桃园磕头组团创业，最后组建了一个国家，在那个来了就不想离开的成都，开启了蜀国的立国篇章。

世界上还曾有一个面积极小的国家，在没有什么资源、没有多少军队的情况下，仅仅靠着贸易就成为世界超级强国，它就是被称为“海上马车夫”的荷兰。所以，如果荷兰当选为世界上最勤快、最爱贸易的国家，应该没有人反对。

荷兰与英国隔海相望，面积只有2.5个北京那么大。17世纪时，仅有150万人口的荷兰，将自己的势力几乎延伸到地球每一个角落，被马克思称为“海上第一强国”。

荷兰人的海上贸易起源很偶然，因为他们擅长捕鱼，其中有一种鲱鱼特别美味，于是荷兰人制作了各种咸鲱鱼，吃不完就逐渐卖到东欧、北欧、南欧、英格兰、非洲等地，由此拉开了荷兰海上贸易的序幕。

一个以贸易为生的国家，一定要有优越的地理位置。荷兰地处西北欧、面朝大西洋、背靠欧洲大陆。为了排涝，荷兰人修建了多条运河，构成了当时欧洲最发达的水上交通网，世界最大的港口鹿特丹就是在荷兰。

15世纪末的地理大发现，给欧洲带来前所未有的商业繁荣。葡萄牙和西班牙主要依靠暴力去掠夺财富，而荷兰由于缺少强大的军事力量，只有选择依靠商业贸易来积累财富。很多时候，荷兰人留给世界的是和平、勤劳的印象，其“海上马车夫”这么萌萌哒的称号就能说明一切。

荷兰人从葡萄牙和西班牙那里批发香料、丝绸、黄金，然后把它们卖到欧洲的其他地方，在下一次去葡萄牙和西班牙进货时，他们又带去了小麦、铁器、木材等军事补给品，以供应给两个正在崛起的海上霸权国家扩张所用。

为什么全世界的人都愿意与荷兰人做生意呢？又是什么原因让全世界都如此相信荷兰人，让他们生意越做越大呢？这还得从一个流传几个世纪的故事说起。

1596年，一个叫巴伦支的荷兰船长，带着一支17名水手的队伍，大船满载着客户的货物，一路向东行驶，目的是寻求与古老东方的贸易机会。

在大船到达今天俄罗斯境内的一个小岛时，由于海面瞬间结冰，船被困在小岛上无法前行，俄罗斯冬天的寒冷大家也很清楚，这绝不是十天半个月就能解决的事。

最后，他们在那里度过了整整八个月的漫长冬季，而整个冬天这里温度都在零下 40 度左右，甚至有时候更低。这群荷兰人愣是靠着坚韧的意志力坚守在原地，他们拆除甲板上的一部分木板来烧火取暖，还组织起来积极进行生产自救，每天到岛上打猎获取食物。

到冬天结束时，这个队伍有一半的人都被冻死或饿死，但他们居然没有动用一点儿客户的货物，而这些货物中就有大量的衣物、药品、食物、面粉等，这些东西顺便拿出来一点儿就能救这些人的命。

荷兰人的这次行为让整个欧洲大为震惊。他们用生命建立了荷兰人诚信的商业规则，用生命赢得了客户的尊重，也向全世界传递了荷兰人诚实守信的商业形象。

这些故事被越传越广，良好的品牌效应为荷兰人带来了源源不断的商业机会，争气的荷兰人也确实是使命必达、诚信经营。

到 17 世纪中叶，荷兰的全球商业霸权已经十分牢固。此时，荷兰东印度公司已经拥有 10000 多艘商船、15000 个分支机构，贸易额几乎占到全球贸易的一半。

难怪马克思曾说："1648 年的荷兰，已达到了商业繁荣的顶点。"的确，强大的荷兰贸易势如破竹，好像全世界商业都在他们的掌控之下，他们占据了巴西、中国台湾，垄断了与日本的贸易，还占领了好望角，甚至把印度尼西亚变成殖民地。

17世纪的荷兰以势不可当的扩张速度让全世界目瞪口呆，大家无法理解如此小的国家，是怎么如此快地雄霸全球的。其实，他们强盛的秘诀只有两个字：贸易。

原理7. 市场经济是目前最好的形式

1984年9月3日，中国浙江的莫干山风景区，聚集了全国经济学界一百多人。他们正在讨论一个重要话题：市场上商品的价格，到底是政府统一定，还是由市场自己决定。

这个问题在今天看来似乎有点儿荒谬，你肯定会说，这不明摆着的道理吗？市场上的锅碗瓢盆、猪肉、白糖、布料等物品，人家愿意卖什么价都行，反正也不止一家卖，货比三家不就可以了。

当时情况非常特殊，那时正处于改革开放的起始阶段，整个市场所有商品都是政府统一制定价格，也就是“计划经济”制度。

但是不久以后，政府就发现越来越难了，因为商品越来越多，每种商品到底该怎么定价有点算不过来。于是就有人提议买台运算能力强的计算机，这样就可以快速算出全国生产数量、消费数量，最后由政府定出合理的价格。

买电脑来算全国所有产品的价格，这听起来实在有点儿喜剧色彩，不仅在今天看来有点愚昧，在当时其实就已经有人觉得这种方式有问题，需要尽快改变。

于是，就有了前面的“莫干山武林大会”。会议分成了两派，一派依然坚持“计划经济”方式，还是建议要买台电脑来算，觉得这样的方式可控，风险较小。

另外一派则坚持改成“市场经济”方式，放弃由国家定价，让市场自行定价，坚持亚当 · 斯密的思想，由市场“看不见的手”来自动调整，最终达到平衡。

经过几天的激烈讨论，大家彼此各不相让，一个叫张维迎的年轻人提出一个全新方案。他建议采用“价格双轨制”，既不用太激进立刻取消国家定价，也不要停步不前，在过渡阶段，同一种商品采用两种价格，以避免市场混乱。

比如当时特别稀缺的白糖，假设每斤的“市场价格”是 0.5 元，“计划价格”是 0.2 元，每斤白糖相差 0.3 元。每个人购买的额度是固定的，如果你开一家餐饮店，需要更多的白糖，国家配额低价的白糖不够怎么办，那你只得去市场上买“市场价格”0.5 元的白糖。

虽然这个方案避免了社会动荡问题，但也产生了新的麻烦，那些有背景、有关系的大院子弟，能拿到“计划价格”的低价商品，然后倒卖到市场，以“市场价格”高价卖给民众，赚取中间差价。这几乎是空手套白狼的暴利买卖，他们把这帮人称为“倒爷”。

政府发现这些问题后，开始加快市场化进程，到 1992 年，已经有 95% 的商品由市场决定价格，剩下一些牵涉到民生的商品如汽油、水、电、天然气等继续由政府定价，由此，中国迎来了“市场经济时代”。

一开始，很多人抱着怀疑心态，认为在市场经济时代自己定价，会不会人人都自私自利、只顾赚钱乱定价，到最后社会就变得非常混乱了。事实上并不全对，经济学鼻祖亚当·斯密说过一句意味深长的话：“如果每个人都从自私的角度去追求自身利益，整体社会所获得的利益反而是最大的。”

比如，面包店的小姐姐店主，出于自私自利想多赚钱，不断想办法把面包做好，争取最大利润；衣服店的小哥哥一直在想办法把衣服做好成为爆款，以提高自己的收益；手机厂商费尽心机提高技术，以生产出更好的手机为公司争取更多盈利。

看起来，大家都是在为自己赚钱，但如果每个人都这么想、这么做，最后可能会越来越美好。

当然，市场经济的一切“自私自利赚钱”必须合法合规，如果只想着多赚钱就往猪肉里注水、往奶粉里加三聚氰胺，这就是违法犯罪了。

所以，这里就引出另外一个问题：在市场经济下，政府不再参与商品定价了，那政府到底该忙乎什么呢？

政府在市场经济中的作用只有两个字：服务。服务就是监管市场的违法现象、帮助企业成长、监管企业和个人经营是否合法合规，是否存在宰客、霸市等现象。

中国的改革开放成果证明，市场经济的活力一旦被释放出来，具有强大的力量，每个人都怀着自私赚钱的心理并不可怕，只要在合法合规的情况下，反而会促进国家经济发展。

1988 年，在维也纳召开的改革经济学大会上，一位东欧经济学家模仿丘吉尔关于民主的讲演句式：“市场经济可能是一种不完美的经济制度，不过就目前来说，它是在人类尝试过的所有经济制度中最好的一种。”

原理 8. 通货膨胀的唯一原因是超发货币

著名的经济学家弗里德曼有一句著名论断：“通货膨胀无论何时何地，总是一种货币现象。”

如果通俗地翻译弗里德曼的话，那就是：“无论什么时候，无论在哪个国家，通货膨胀的根源只有一个，那就是超发货币。”这一语道破天机，说出了通货膨胀的根本。

1946 年 7 月，国共两党和谈破裂，内战全面爆发，国民党军费开支浩大，只能靠不断印钱来补贴财政赤字。1948 年 6 月，国统区的物价暴涨为抗战初期的 493 倍，吃一块大饼要 3 万元，甚至乞丐也不愿收面值 1000 元以下的钞票。

随后，通货膨胀导致了一系列严重后果，国统区经济走向崩溃，工商业、农业遭受重创，人民生活状况日益恶化，国统区法币不断贬值，有渠道的人开始疯狂换取黄金、美钞，以此预防货币贬值。

而那些没有渠道的普通市民，为了抵御货币贬值，无法购买到黄金，就开始用钱大量购买粮食、囤积大米，于是到处出现抢米风潮，引发社会严重动荡。

当然，通货膨胀也并非一无是处，它是一把“双刃剑”，有个叫菲利普斯的经济学家会告诉你，适度的通货膨胀其实对社会有好处。他还发明了“菲利普斯曲线”，来说明通货膨胀的好处。

曲线表明，当物价上升经济就趋向繁荣，就业率增加；当经济不景气，失业率增加，物价也会下降。也就是说，适度的通货膨胀可以帮助人们提高就业率。

以美国为例，从 60 年代初开始，美国经济在扩张的货币政策影响之下，失业率逐渐降低。当然，代价是通货膨胀率逐渐升高，人们的生活成本变得更高了。

1979 年 10 月，沃尔克出任美联储主席。他认为要让经济恢复繁荣，必须先控制住通货膨胀，于是他开始铁腕治理通货膨胀，虽然几年后美国的通货膨胀率下降很多，但也迎来了“二战”后美国的最大一次经济衰退，失业率一度接近 10%，创出历史新高。

当然，失业率还有很多其他因素，但大多数经济学家达成了共识，认为“通货膨胀与失业之间存在短期反比例关系”。万事皆有度，既不能让通货膨胀太高，因为民众无法承受，但也不能让通胀率太低，这样就会使很多人失业。

治大国如烹小鲜，如何把握好这个度才是关键。所以，当好一个国家央行行长真的没有想象中那么容易。

原理 9．分工是人类进步的秘诀

卖炭翁，伐薪烧炭南山中。满面尘灰烟火色，两鬓苍苍十指黑。卖炭得钱何所营？身上衣裳口中食。可怜身上衣正单，心忧炭贱愿天寒。

白居易的《卖炭翁》是一首新乐府诗，描写了一个卖炭老人的遭遇，鞭挞了当时社会的黑暗。有趣的是，这首诗里面其实包含了很多有趣的经济学道理，这应该是白居易没有料到的。

“卖炭得钱何所营？身上衣裳口中食”，这就是在描述互利互惠的贸易。前面讲过每个人不可能产出自身需要的所有物品，所以需要去市场交易，卖炭翁就是先出售自己的木炭，换取衣服、食品，这说明当时的市集还算比较发达。

“可怜身上衣正单，心忧炭贱愿天寒。”这句诗描述的是市场供需与价格的关系，只有天气寒冷了，人们对于木炭的需求量才能增加，需求增加，价格才能提上来。

但我们关注的重点却是另外一句，“卖炭翁，伐薪烧炭南山中”，从这句可以看出，这个老翁承担了至少三样工作：伐薪、烧炭、销售。从中可以看出，这个老翁所从事的木炭产业，看来在当时是一个完全没有分工的产业，造成老翁的效率极其低下。

而且，从后面老翁一直没有成功销售木炭，最后被皇宫的人强制低价收购的结果可以看出，老翁并不擅长销售，至少他没有一个稳定的销售渠道。

亚当 · 斯密在《国富论》的第一章，就用较大篇幅说明了分工的重要性。他认为，正是分工的出现，才让现代工业的速度提升到前所未有的高度。

在今天也是如此，正是有了精细化的分工，人们住在大城市里，并不需要自己去种地、修房子，就可以方便地买到蔬菜、食品等物品，出门有招手即停的出租车，随时能叫钟点工来收拾屋子，而你只需认真上班做好本职工作即可。这一切都是分工带来的好处。

市场促进分工细化，分工细化促进技术进步，进而促进经济发展，而经济发展反过来又使分工更加精细、更加高效，这就是经济发展的良性循环。

现代商业趋向分工越来越精细，一些将分工极度精细化的企业，将“快文化”演绎到极致，从而创造出另外一种商业模式，从众多竞争对手中脱颖而出。

1975 年，学徒出身的奥尔特加在西班牙开设了一家服装店。经过 40 多年的发展，这家小服装店已经成长为全球时尚服饰的领先品牌，遍布全球 86 个国家和地区，这就是大名鼎鼎的 ZARA。

ZARA 可以说是时尚服饰业界的一次颠覆，在竞争异常激烈的服装界，成功开创了“快速时尚”模式。它的成功正是现代商业分工的典型案例。

ZARA 每年大约推出 12000 款不同风格的时装，而每款数量一般都较少，即使是畅销款式，他们也只供应有限的数量。之所以这么做，其目的一方面是降低库存风险，另一方面则是尽可能减少顾客撞衫，彰显顾客更多个性。

经济学的供需关系表明，物以稀为贵，限量版的产品往往会获得更多消费者青睐，尤其是那些追求个性的年轻人。ZARA 通过这种“限量营销”方式，吸引了无数的粉丝，然后采用“多款式、小批量”实现销售规模。

ZARA 通过超细化分解整个生产流程，将每个环节速度提升到最高效率。据说，每当巴黎时装节出现一款非常流行的衣服，大约 15 天后就能在 ZARA 的任何一家全球专卖店买到。

这时候分工的强大效果开始显现，为了追求极限速度，公司有将近 800 名设计师分布全球。他们不断穿梭于各种时装发布会现场，如果看到一款流行的衣服，立刻就画出新款衣服设计图。

一旦设计师画出设计图，500 名 ZARA 的材料买手就开始行动，在全球数据库中进行寻找、比对，以找到性价比高、颜色最合适的材料。

同一时刻，另外一个团队已经开始画版型、裁剪版型、做出模型。他们将做好成批生产前的所有工序，一旦材料买手将材料运抵工厂，生产就立即开始。

在 ZARA 位于西班牙的生产基地，集中了 20 个布料剪裁、印染中心，以及 500 家代工终端厂。为了提升效率，ZARA 把这里 200 英里的地下全部挖空，架设起一个复杂的传输通道系统。每一件衣服被分成不同环节在地下传输，每家工厂只做一个步骤，完成后便通过地下通道传输到下一家。正是依靠这种高效率的分工，这里每星期可以生产出 260 万件衣服。

2019 年，中国服饰龙头安踏集团年度总收入为 339 亿元人民币，而 ZARA 全年营收为 2166 亿元人民币，中国服装企业离这个巨无霸还有不小的距离。

不难看出，ZARA 如此成功的秘诀之一就是分工。其实，一个国家的分工精细程度，可以直接衡量一个国家的经济水平，越是经济发达的国家，分工越是精细化。

工业革命之后，社会分工逐渐开始精细化。通过劳动分工，每一个劳动者逐渐开始从事单一的专门职业，这让人们有了更多精力去钻研这个细分领域的技术,这样其效率和质量也将会大幅度上升。

分工细化之后，人们通过贸易进行物品交换，不同的职业者不仅获得了个人精神上的成就感，还完成了财富在不同个体中的再次分配。

第六章

《水浒》《三国》趣解财经热词

自从学习了前面的经济学知识之后，《三国》和《水浒》里的各个人物也掀起了一阵学习经济学的热潮，大家自发组成多个学习小组，在湖泊、码头、练武场、忠义堂、卧室等地热烈讨论经济学相关知识。

现在，不妨一起穿越到那个英雄侠义的氛围中，一起去观摩这些妙趣横生的学习小组，看看他们的学习场景，听听他们关于经济学知识的有趣对话。

1．GDP

张飞：大哥，咱问你个事儿呗，年底了，我看电视上都在聊魏国 GDP 多少，东吴 GDP 多少，这个……人家想知道啥叫 GDP 的啦?

刘备：好好说话，别卖萌。所谓 GDP 就是去年全国人民所有产出的东西，包括猪羊牛马、粮食生产、工业产品、丝绸、美甲美发等所有收入。也就是说，凡是在蜀国境内生产出来的所有产品，包含服务业等，就是蜀国的总GDP。

张飞：外国人在蜀国生产的呢？

刘备：GDP只以地域而论，只要在我国境内，无论是不是本国人生产的都算这个国家的GDP。

张飞：那蜀国人在外国生产的东西算不算呢？

刘备：不是跟你说了只以地域论吗？如果在国外，即使是蜀国人生产的也不能算我蜀国的GDP。

张飞：好忧伤，我女朋友夏侯娟娟给我从魏国快递过来的毛衣，看起来不能算是蜀国的GDP了。

刘备：啊，你这种人怎么可能有女朋友？

2．CPI

小乔：双11到了，伦家要买点东西的啦。

周瑜：现在经济真是不好了，一年到头都是促销活动，什么618、中秋节、双11、双12，简直没完没了，今年的CPI增长又是4%，我这个大都督工资没有涨，但物价可全涨了。

小乔：我不过就是准备买点东西，看你气得都憋出英文来了，不过刚才你说的CPI是啥？

周瑜：CPI就是反映一个国家物价上涨速度的指数，是选取了几千种日常生活用品，长期观察这些物品的价格变化情况，比如柴米酱醋、衣服鞋袜、蔬菜水果等。

小乔：明白，就是跟百姓生活紧密相关的呗，那怎么才算合理呢？

周瑜：根据经济学家的计算，上下波动小于3%表示还行；当CPI增幅大于3%时称为通货膨胀；而当CPI大于5%的增幅时，就是严重通货膨胀。

小乔：难怪，伦家去年买了一个肚兜，要5钱银子，现在买同一款居然要10钱银子，这可能是遇到严重通货膨胀了，再这样涨下去，明年我出门就不穿肚兜了。

周瑜：别别别，这个不能省，再贵我也买。

3．三驾马车

刘备：二弟三弟，大哥考你们一道题，答对了奖励吃饺子。

关羽：我吃定了。

刘备：电视里常说的中国经济增长的三驾马车是什么？

张飞：我觉得应该是刘、关、张。

关羽：幼稚，正确答案是“投资、消费、出口”。投资就是政府投资建桥、修路、修机场等基础建设行为；消费就是鼓励民众买买买、吃吃喝喝、旅游等；出口就是咱们国的产品卖给外国人。

刘备：厉害，走，让你们嫂子煮饺子去。

4. 同业拆借

西门庆：今天超级郁闷。

潘金莲：幸好我善解人意。

西门庆：我开的银行没钱了，今天好多客户来取钱，明天可能会更多。

潘金莲：你去跟隔壁其他银行借钱就可以啦，一个银行向另一个银行借钱，就叫“同业拆借”。不过也需要付利息，这个利息就叫“同业拆借利率”。

西门庆：还有这个操作手法？

潘金莲：嗯哪，“同业拆借利率”能够及时、灵敏、准确地反映市场资金紧张程度，利率越高证明行业的资金越短缺，市场的钱越缺少。

西门庆：你这都跟谁学的，怎么会这么多？

潘金莲：讨厌，我都会什么，你又不是不知道！

5. 影子银行

李逵：我想打劫影子银行。

燕青：铁牛，你真牛！

李逵：小乙哥，你告诉我影子银行在哪里，我老听电视里说影子银行是祸害，让我用板斧砍了它为民除害。

燕青：影子银行就是那些可以提供贷款，但又不属于银行的金融机构。

李逵：具体有哪些呢？

燕青：具体有信托公司、担保公司、典当行、地下钱庄、货币市场基金、各类私募基金、小额贷款公司以及各类金融机构。

李逵：居然这么多鸟机构，铁牛什么时候才能杀得完，俺不去了。

6．蓝筹股

王允：你炒股吗？

吕布：偶尔炒炒。

王允：知道啥叫“蓝筹股”吗？

吕布：我知道股市中红色是涨，绿色是跌，但蓝色是什么鬼？

王允：“蓝筹”一词源于西方，因为在西方赌场中，有三种颜色的筹码，其中蓝色筹码最为值钱。所以在股市里，通常将经营业绩较好、稳定优质的股票称为“蓝筹股”。比如工商银行、中国石化、中国铝业、中国平安、招商银行，这都是国内有名的蓝筹股。

吕布：我绝对是一只蓝筹股。

王允：我也看好你，所以我想给你介绍个女朋友，叫貂蝉。

7．公募基金

吕布：咱们理财考虑一下公募基金吗？

貂蝉：公募是公公募集的基金吗？我看你爸董卓不是好人啊，你小心点。

吕布：不是的，募，就是募集资金的意思。公募向所有民众销售基金，以此来募集资金，好比一个大公园，呼吁全国人民都来玩啊，都来出钱买基金吧。

貂蝉：那这么说，还有私募基金？

吕布：厉害，知道举一反三。私募基金只面向特定合格小范围投资者发行，只有少数人可参与投资，不能对全国人宣传销售，只能小范围宣传销售。打比方说，某一只基金，只能给我、王允、董卓等人，那就肯定叫私募基金。

貂蝉：那……我应该算私募基金吧？

8．离岸金融

刘备：二弟，你一个人去美国打工，万事要小心。

关羽：大哥，放心吧，我武功高。

刘备：但是美国有菜刀啊！

关羽：我还带了这么多钱呢，如果回不来，大不了我就在那边开个银行，让美国的华人来我这里存、贷人民币。

刘备：二弟你真有头脑，你这就是“离岸金融”业务啊。经营人民币，那就是离岸人民币业务，是指在中国境外，经营人民币的存放款业务。香港就是目前最活跃的离岸人民币市场。

关羽：那“在岸人民币”是指在中国境内银行柜台存、贷人民币业务啦？

刘备：对，还是你聪明。

关羽：你知道我为什么这么聪明吗？

刘备：来不及解释了，快上车。

9．黑天鹅与灰犀牛

宋江：铁牛，你最近读书了吗？

李逵：学了一个新名词，叫黑……黑……黑天鹅事件。

宋江：你这黑厮，自己黑，还笑话我黑，我黑三郎就从来没见过黑天鹅。

李逵：不是不是，“黑天鹅事件”是指极其罕见的、出乎人们意料的风险。比如，上次宋徽宗在李师师房间被咱捉住，一个皇帝被人在青楼活捉，这肯定是一个黑天鹅事件，历史上肯定极其少见。

宋江：这倒也是，貌似历史上仅此一例。

李逵：还有类似的概念叫“灰犀牛事件”，是指太过于常见以至于人们已经习以为常，从而感觉不到这是风险，比喻大概率出现且影响巨大的但被人忽略的潜在危机。

吴用：房地产泡沫是毫无疑问的最大“灰犀牛”。一方面，对于房价有泡沫已经大家习以为常了；但另一方面，房价调控却次次失效，导致很多人产生“房价永远不会跌”的错觉。

10. 逆回购

刘备：最近市场上好像钱少了，好多做草鞋的企业都贷不到款啊？

诸葛亮：亮有一计。可采用逆回购，增加市场上的钱。

刘备：愿闻其详。

诸葛亮：逆回购就是咱们中央银行把金库的现金拿出来，去市场上买一堆借条回来，也就是债券，然后钱不就释放到市场上了吗？市场上的现金就多了。

刘备：那以后市场上的钱多了物价上涨怎么办？

诸葛亮：亮有一计……

刘备：大哥，你以后说话的时候，能不能不要每次都带上这句话。

诸葛亮：可采用正回购，就是把咱们库房的债券再卖出去，特别是让各大银行买回这堆债券，钱不就收回到库里了吗？

刘备：银行不愿意买怎么办？

诸葛亮：随便给点手续费，他们就扑上来了。

11．OPEC 组织

宋江：众兄弟，今天晨会由吴用军师来分享本周的管理案例。

吴用：今天我不得不第一次说英语单词 OPEC 了。

扈三娘：哎哟，上次约我去河边散步不就是说的英语吗？

吴用：1960 年，由伊朗、沙特阿拉伯、伊拉克、科威特、委内瑞拉的代表在巴格达开会，决定联合起来共同对付西方石油公司，掌握石油定价权，五国宣布成立石油输出国组织，简称“OPEC”（欧佩克），现在有 13 个成员国。

宋江：据统计，OPEC 每年提供了全球近一半的原油产量。

李逵：亏得咱兄弟们出门坐船、上岸骑马，不用石油。

林冲：这还有王法吗？石油主要是他们产，价格再由他们定，这不是组团涨价吗？

吴用：不，是跟咱一样，组团抢钱！

12．热钱

潘金莲：叔叔，问个问题，什么是热钱，我看报纸这几天都在讨论。

武松：热钱是指以投机获利为目的，快速流动的短期资金。这些钱快进快出，寻找套利机会，如果热钱数量太多的话，会引发一个国家金融动荡。

潘金莲：那这些热钱进来后都具体去了哪儿呢？

武松：热钱的投资对象主要是外汇、股票、贵金属及其衍生产品市场等，具有投机性强、流动性快、隐蔽性强等特征。

潘金莲：那对国家有好处吗？

武松：一般来说，热钱既不创造就业，也不提供长期服务，就是想要短期赚一把就走人，极具投机性和破坏性。所以，一句话：热钱都不是好钱。

潘金莲：叔叔，奴家也好热。

13. 金融脱媒

王婆：西门大官人，你长本事了。

西门庆：王妈妈，你这话从何说起啊？

王婆：原来你每次找金莲都通过我，现在可好，直接去找她了。你这是介意我每次都收你一点银子吗？

西门庆：王妈妈你多心了，我只是图方便，不是钱的事儿。

王婆：西门大官人，你这就叫金融脱媒啊？

西门庆：王妈妈你说笑了，什么叫金融脱媒？

王婆："金融脱媒"就叫"非中介化"。指企业需要资金时，直接在市场发债、发股票或者短期商业票据，而不是直接向商业银行贷款。

西门庆：由此看来，"金融脱媒"是市场经济发展的客观规律，是推动金融市场创新发展、直接融资的必然趋势啊。

王婆：你知道脱媒的风险吗？以前你钱存银行，银行拿去放贷，放飞了银行得赔你，现在你脱媒了，后果得自己负责。

西门庆：那现在我的风险在哪里？

王婆：武松要回来了。

14．金融杠杆

潘金莲：大郎，你的梦想是什么？

武大郎：老婆、炊饼、热炕头。

潘金莲：你有没有想过，咱们重新买套别墅装修下？

武大郎：这房子不是挺好的吗，临街、宽敞，楼下就是CBD，前面就是步行街，吃喝都很方便啊？

潘金莲：但人家就是觉得开窗户不方便嘛，而且，撑窗户的棍子老往下掉，下次砸着过路的人怎么办？

武大郎：但是，家里的钱不够买别墅啊。

潘金莲：可以用杠杆啊？

武大郎：拿棍子干啥，抢人我可不敢。

潘金莲：不是的，杠杆其实就是借钱的意思。比如买别墅要1000两银子，咱只需出200两就够了，另外800两去跟银行贷款，然后把房产证押在那里。这样，我们是不是就用200两的资金，买下了1000两银子的房子了？这就是杠杆，以小搏大，算起来杠杆比是1:5，所以叫5倍杠杆。

武大郎：啊，好棒好棒，国家不是在说去杠杆化吗？

潘金莲：那是说金融机构之间的不良杠杆，像咱们这种有抵押物的杠杆目前还是允许的。

武大郎：娘子很专业，你来负责办贷款吧，那咱们去哪家银行贷款呢？

潘金莲：西门银行。

15．共享经济

西门庆：时代变化很快，诸位娘子都要努力读书，追求上进啊。

潘金莲：确实，现在知识爆炸，我今天就学到一个新名词——共享经济。

李瓶儿：共享经济早就有了，电影院、酒店、图书馆，其实都是一种共享经济。

庞春梅：哎妈，我还以为只有共享自行车才是共享经济呢。

李瓶儿：互联网为共享经济提供一个很好的工具，让共享变得更加容易了。

西门庆：是啊，共享经济的范围定义得很广，其实很早就有这种行为，只是没有这个专用名词而已。也就是说，只要是共享物品的行为皆可以称为共享经济。

众女大笑：那你算吗？

16．流动性

李逵：军师这几天一直在跟大哥说流动性，难道说的是水泊梁山下面的水？

武松：铁牛，你瞅你这文化水平。

李逵：那你赶紧说下啥叫流动性。

武松：流动性有好几种含义，常见的是整个“宏观经济流动性”，指在市场中货币数量的多少。总之，流动性过剩就是民间钱太多，流动性不足就是民间钱太少。

李逵：有啥法子能救吗？

武松：采用正回购和逆回购等办法，前面诸葛军师和刘皇叔已经讨论过了，自己翻到前面复习一下吧。

17．财政政策

刘备：今年经济还需要努力啊。

诸葛亮：我建议用“财政政策”这个武器。

刘备：那是什么神器？

诸葛亮：财政简单说，就是一收一支，以此调节经济活动。咱想让谁多发展就少收点，多支出点；想让谁少发展，就多收点，少支出点。

刘备：收入我知道，比如我们希望汉中快点发展，就少收他们一点儿税，成都发达得多，我们就多收一点儿税。

诸葛亮：支出也是关键，现在经济不好，政府开支也得厉行节约，回头你得把政府的公职人员大量精简，现在政府开支实在太大。

刘备：又要我开人？

诸葛亮：没办法，你是总裁嘛，总是要裁人的。

18．货币政策

刘备：叮当，月色当空，无心入眠。

诸葛亮：叮咚，清风流水，与君一谈。

刘备：丞相，这开除人的活儿太难干了，阻力重重，怨声载道。

诸葛亮：要不用货币政策吧，最省心，关键是可能都没人发现。

刘备：哇，老司机，快告诉我怎么操作？

诸葛亮：咱们蜀国央行要利用利率、存款准备金率、正回购、逆回购等手段来调节货币流量，这些都比较隐蔽。

刘备：明白了，利率降低、存款准备金率降低，民间钱就会变多，民间经济就活跃了，企业也就繁荣了，就业也解决了，此乃高招。

诸葛亮：是的，央行是货币供应的水源，水龙头拧大点儿，货币供应就多些，拧小点儿，货币供应就少。

刘备：明白了丞相，再问下，还有更狠的吗？

诸葛亮：有，直接印钱。

19．资产证券化

吴用：大哥，咱梁山最近金矿的产量好像不是太高啊。

宋江：人手不够，有些气力的人都在打仗，产量实在差了些许。

吴用：但是打祝家庄咱们花了很多钱，现在需要钱养军队。

宋江：要不我去找李师师聊聊，想点办法？

吴用：大哥，你这一个月都去聊了五六次了，也没进展，要不还是我来想办法吧，我建议用“资产证券化”解决。

宋江：听不懂，你说下具体怎么做？

吴用：资产证券化，通俗一点儿说，就是把我们某些固定资产提前变为现金，比如我们可以把金矿抵押给汴京证券。

宋江：然后呢，我还是不明白，这不是抵押贷款吗？

吴用：当然不是贷款，汴京证券马上就会发一只基金，募集1万两黄金。然后把这个基金分解成1万份，1两金子一份，再包装一个美好的故事，就可以散装卖给公众了。公众可以1份起买，我们瞬间便可以拿到20年挖这个金矿收入的总和了。

宋江：那些公众怎么赚钱？

吴用：未来我们这个金矿如果开出黄金、钻石等，都是归这只基金所有啊，如果开采出来的黄金远远超过预估，或者以后黄金涨价了，每份基金也会跟着涨价。他们可以出售这些基金份额，或者等着分红，这可是个双赢的事。

宋江：懂了，就是讲故事、再画饼呗，我不就是这样骗众兄弟上山的吗？

20．ST股票

王婆：最近股市不大好，赌了一只ST股票，结果退市了，私房钱都赔光了。

潘金莲：ST是啥，尸体的意思吗？

王婆：不是，不过意思也差不多。英文“特别处理”简称ST。ST股是指境内上市公司连续两年亏损；*ST股是指境内上市公司连续三年亏损的股票。

潘金莲：跟其他股票有啥不同呢？

王婆：这些股票基本面临着即将退市的危险，ST的股票涨停板、跌停板的上限是5%，不是10%。

潘金莲：那你还去买？

王婆：我就是赌一把，因为当时价格低啊，有可能过几个月，它财务好转了，就可能满血复活再上市，那我就赚翻了。对了，你家官人武大郎最近怎么样？

潘金莲：他已经ST了。

21．股票指数

李师师：皇上，怎么能一下看到全球股市今天是涨是跌？

宋徽宗：通过股票指数来看，有名的比如美国的道 · 琼斯指数、标准普尔500指数、恒生指数、日经指数。

李师师：名字好难讲记，人家记不住的啦。

宋徽宗：所有指数的原理都是一样的，这些指数干的事儿特简单，就是各自挑选一些市场的中股票，做一个加权平均等计算，差不多表示这个交易所的股票涨跌水平。

李师师：太专业了，快举例。

宋徽宗：比如标准普尔，就是选取了纽约股市500种看起来比较靠谱的股票，通过加权平均综合计算得出指数，这个指数可以反映在纽约交易所上市的所有股票整体涨跌情况。

李师师：我泱泱中华就没有指数吗？

宋徽宗：未来中国会有三大指数：上证指数、深圳成指、创业板指数，原理依然是一样的。以上证指数为例，会包含938只股票、199只政府债、284只公司债、25只基金等品种，代表上海证券交易所的整体涨跌情况。

李师师：哎哟，感觉这些都好复杂。

宋徽宗：没关系，接着往下一章看，我让黑面宋三郎综合前面的知识，给你讲讲梁山的经济学。

李师师：好呀，好呀！

第七章

水泊梁山的经济学

晏几道曾作《生查子》词描写李师师的美貌，“远山眉黛长，细柳腰肢袅。妆罢立春风，一笑千金少。”

此刻，在开封城外的会所，宋江正听着琵琶、喝着小酒，酒酣耳热地向李师师倒苦水：

宋江：师师啊，你可不知道，梁山创业之初也是蛮艰难的，弟兄越聚越多，看着这帮颜值各异的兄弟们，讲真的我心里压力山大！没办法，总不能赶他们走吧，我经过权衡和思考，终于搞定了一百单八将的座次排序问题。

李师师：宋江哥哥好厉害，那么多武功高强的都是你手下，你是怎么管理的呢？

宋江：这可是学问，亚当·斯密说过，得先学会分工。

李师师：然后呢？

宋江：你先弹一曲，待我把梁山的经济学给你慢慢道来。

1. 梁山的分工

宋江、卢俊义众望所归成为总兵都头领，负责规划梁山打仗出征的事儿，虽然宋江当时请卢俊义时就说过，愿意把第一把交椅让给卢俊义，当然最终还是没让出来。

吴用、公孙胜两个人足智多谋，有无数的好点子，于是当仁不让地成为梁山军师联盟。

柴进是后周皇帝的后裔，也就是被赵匡胤陈桥兵变时赶下台的那个皇帝。他仗义疏财，成为梁山主管钱粮的头儿。

关胜、林冲、秦明、呼延灼、董平这五个战斗力惊人，一言不合一个人就能荡平一个村庄，自然成了每次大战的急先锋。

然后顾大嫂、孙二娘、张青、朱贵等人，武功一般，但消息灵通，负责在各个关节点开酒馆、打探消息，成为梁山 FBI。

从此，打架、做饭、出谋划策、主管钱粮的都各自有人负责，一切井然有序，闹江州、劫法场、火烧祝家庄，一切都是在各个兄弟配合下完成的。

其实这就是经济学中的分工，也是亚当·斯密《国富论》首篇的内容。有了分工以后，整个梁山开始变得更加有序了。

2．水泊梁山的贸易

经过一段时间后，宋江发现仓库里银子、兵器、马匹、粮食、干鱼什么的数量很多，但是梁山不怎么产蔬菜，这可是个难题。

看着兄弟们一个个整天吃肉、严重缺乏维生素 C、导致发际线不断升高的状况，吴用建议用仓库的银子、粮食、干鱼去山下换蔬菜来吃，这就是经济学中的贸易。

不久以后，山下运来的蔬菜一下多了起来，整个梁山的弟兄们发现,肚子就这么大,有肉有菜有海鲜,到底吃什么好呢。吃牛肉、喝大酒基本就吃不了多少海鲜了,这就是经济学上的“机会成本”。

机会成本就是李逵选择了吃海鲜，就只能少吃牛羊肉了；阮小二选择去打仗，就没有办法去打鱼了。你放弃的那个选项，就是你的“机会成本”。

随着梁山在山下持续购买蔬菜，很快就发现山下蔬菜不够梁山吃，多次出现下山买不到蔬菜的情况。于是，在供不应求的情况下，山下的农民决定把蔬菜涨价，这就是经济学上的需求、供给原理。

如果“需求大于供给”，那么物品的价格就会上涨；如果供给大于需求,也就是卖的人多,买的人少,那么就会出现价格下跌。

所以，如果农产品丰收，未必是好事。很多新闻都会看到，某地水果丰收但滞销严重，大量水果堆在路边没有销路，不得不靠各种大 V 全互联网吆喝销售，这就是供给大于需求带来的问题。

3．山寨里的分配制度

宋江还有苦恼。他发现最近梁山兄弟打家劫舍的积极性不高了，宋江很纳闷，以前大家都是群情激奋的，最近到底怎么啦！于是找了吴用在小屋子商量了半天。

吴用道出了经济学上的另外一个问题——分配制度。

宋江：人心散啊，队伍不好带啊

吴用：大哥是说大家最近不积极吗？

宋江：兄弟懂我，你说该怎么办？

吴用：大家抢的东西都交公，自己得不到，问题就在这里。

宋江：都是我的，为什么还要分配？

吴用：老大你不知道，分配制度在人类历史中一直至关重要。

宋江：全都分了吗？

吴用：当然不是，按照多劳多得的方式奖励和分配。

宋江：以前有人用过吗？

吴用：商鞅变法就用过，激励效果非常惊人。

宋江：那咱也试试？

第二天，宋江宣布，以后梁山每个兄弟出去劫富济贫回山后，九成交公，一成归为己有。

这下可不得了，整个山寨干劲十足，大家忽然开始忙了起来，连以前每天不出门、只在家敷美白面膜的李逵最近都早出晚归了，梁山出现了前所未有的热闹气氛。

到了年终一核算，不但整个山寨的收入增加了好几倍，而且山寨的弟兄一个个也赚得盆满钵满，听一些兄弟私下说，好多人家里的炕下面都藏满了银子呢。

4．三驾马车

但是，新问题又来了，出去打打杀杀的兄弟倒是有钱了，在家做饭、熬汤、纳鞋底的人却是收入甚少啊，怎么办？

宋江决定让这些外出赚到钱的人，不要把银子藏在炕下面，而是尽快拿出来花掉，也就是鼓励消费。让他们买鞋、买衣服、吃大碗茶、喝小酒、买奢侈品等，总之不能让他们一直存着，这就是经济学上非常重要的概念：消费。

一旦大家都来消费，钱就流通起来了。那些卖鞋的人赚到钱后，可以去买衣服；卖衣服人的赚到钱后，可以拿钱请李逵给自己孩子当家庭武术教师。

比如李逵拿到钱后，就可以去买美白面膜，为自己提升颜值和肤色，李逵也能非常开心，在每天打打杀杀回来之后，可以敷上一张面膜。“停下来，享受美丽”，简直不要太幸福。

消费一旦提升了，就需要更多的人来纳鞋底、缝衣服、泡茶、生产面膜，很多人的就业问题就解决了。但即使这样，山寨的就业还有问题，因为还有不会纳鞋底和缝衣服的人，还得想其他办法。

吴用继续宣布，为了抵御朝廷的袭击，山寨决定投资修建城墙，而且山寨每户人家之间，必须用大理石铺成的小路连接。于是，一场轰轰烈烈的基础建设运动就开展了起来。

这就是经济学上另外一个重要概念：投资。这里的投资不是指个人理财，而是指国家层面上进行的大规模基础建设，比如修路搭桥、挖护城河、建高速路等行为。

梁山一开始修建城墙，整个梁山赋闲在家的人都动员起来了，很多以前不会纳鞋底、找不到工作的人，现在可以靠着每天搬砖赚钱了。工资由梁山金库来支付，金库的钱来自外出兄弟抢劫的抽成。前面说过，每次打劫都要抽九成，这个抽成就是“税收”：企业缴纳的就是“企业所得税”，个人缴纳的，就叫“个人所得税”。

很多闲人靠搬砖领到了钱，也开始买衣服了，需求开始不断上涨，顾大嫂、孙二娘、扈三娘看到了商机，既然梁山兄弟这么喜欢穿咱们缝的衣服，那么咱就开一家工厂吧，把这些好看的衣服推广到旁边的各个大寨和村庄去。

于是，顾大嫂、孙二娘、扈三娘的“梁山三姐妹服装有限公司”宣布成立，开始生产大量的衣服、鞋子、盔甲。由于性价比非常高，附近也有很多山寨、村庄开始来进货。这就是经济学中的出口，出口就是把产品卖给其他国家。

大家都习惯把“投资、消费、出口”称为经济的三驾马车，也就是说这三种经济行为常常可以拉动国家的经济发展。事实上，很多国家都非常依赖这三种方式提升经济，解决就业。

5．金融市场

有了出口以后，“梁山三姐妹”服装品牌名声大噪，产品供不应求，多次提高价格还是满足不了需求，于是三姐妹决定扩大生产。

但招人、买设备都需要钱，缺钱怎么办呢？于是他们首先想到去“梁山商业银行”贷款，但银行贷款得看现有资产，也就是金融学中讲的抵押物。

梁山银行代表花荣同学仔细看了三姐妹的工厂，把锅碗瓢盆、生产设备等进行了估价，最后得出大概价值1000两银子。按照40%的抵押率，银行只能贷款400两银子。

按照三姐妹的计划，400两银子远远不够，于是除了这个“债权融资”，她们又想到了“股权融资”。

按照目前的品牌、销量、渠道、市场占有率等多个因素，她们把“梁山三姐妹”公司估值1万两银子，企业估值不只是看锅碗瓢盆等有形资产，还有品牌价值等无形资产。

最后她们决定出让49%的股份融资，为什么出让这么个奇怪的数字呢，因为自己留着的51%始终都大于49%，也就是占公司大多数股份，这样就可以始终掌控公司。

大家都知道这家公司生意不错，一听说在融资，很多看好这家公司未来发展的人都参与进来。最后，武松拿出1500两银子占股15%，鲁智深15%、林冲10%、阮氏兄弟9%，融资很快就完成了。

这样，4900两银子立刻到位，股权投资也不看抵押物，只看公司是否具有前景，武松等人也变成了这个公司的股东，这就是金融圈里大家玩的“风险投资”。所谓风险，就是三姐妹赚了钱必须分给他们，但如果这家店亏损倒闭了，可以不用还武松等四位投资人的钱。

随后，“梁山三姐妹有限公司”一路快速发展，产品销往各个地方，盈利也非常可观，于是他们决定尽快IPO。

所谓IPO，就是大家俗称的“上市”。上市其实就是面向更多的人筹钱而已，全世界的人都能购买这家公司的股票参与投资。也就是向所有能买股票的人融资、筹钱，买股票的人，也跟当初武松、林冲等人的风投行为差不多，只不过是时间先后不同而已。

一般来说，一个公司越早进来，最后收益越大，因为早期估值比较低，后面的估值会越来越高。但是“高收益伴随高风险”，越早进入公司的风险也越大，所以，常常把最先投资的人称为“天使投资人”。为什么叫“天使”呢？也就是充当不计回报帮助人的角色，大概率会白帮忙。

武松看着当初入手的股权价格上涨，准备卖掉手里的股票买把好刀，但他不能去山下找个角落卖给别人。为了预防被骗上当，他选择了“梁山股票交易所”出售股票，这样相互卖来卖去，也就是平时大家看到的股票交易，俗称“炒股”。

股票交易所其实就是一个二手交易市场，跟平日去大桥底下的二手市场淘东西没啥区别。以前买卖股票需要去股票交易所，现在都互联网化了，在家里下载一个软件就能买卖，但原理依然是一样的。

6．收购扩张

梁山在创业之初，人数发展缓慢，为了扩大影响力，增加梁山的实力，抵御腐败的朝廷，宋江和吴用认为常规招人实在有点缓慢，决定来点速度快的扩张方式。

他们选定了一个目标，那就是鲁智深、杨志创业的二龙山。这个山头经过多年的发展，实力已经不可小觑，鲁智深、杨志武功超群，曹正、邓龙等手下也非常能干。而且，随着武松、张青、孙二娘、孔明、孔亮等人的加入，二龙山几乎要跟梁山旗鼓相当，大有形成竞争的态势。

宋江：二龙山现在有点强大了，你帮我想想办法。

吴用：战胜竞争对手最好的方式就是并购。

宋江：鲁智深、武松会愿意吗?

吴用：二龙山会打仗的人多，懂智谋的人少，我认为可以智取。

宋江：如何实施?

吴用：他们个个能干，实则群龙无首，我们可以各个击破。

宋江：老弟你真厉害。

吴用：小哥哥你才厉害。

宋江：咱别商业互捧了，赶紧收购二龙山。

不久以后，经过多次沟通和交流，恩威并施，最后杨志与武松在宋江的感召之下，答应将二龙山编入梁山。二龙山的加入让梁山的实力陡然增加，不但少了一个竞争对手，而且还增加了无数的人才，这也为后来梁山泊走向强盛奠定了基础。

而且，梁山在发展过程中，先后兼并了十几个山匪派系，分别是梁山旧部、桃花山、清风山、饮马川、芒砀山、少华山、白虎山、枯树山、登云山、对影山、黄门山和二龙山。

并购在商业中非常常见，并购或是合并，对于节约资源、减少竞争、聚集优势有着很大的作用。近几年互联网市场出现了很多并购的案例。

（1）微软 262 亿美元收购社交网络 LinkedIn

2016 年 6 月 13 日，微软宣布以 262 亿美元收购社交网络 LinkedIn（领英），这是当年科技行业规模最大的并购案。被收购后，LinkedIn 保留原品牌和经营独立性，杰夫 · 维纳留任 CEO。

（2）万达超 50 亿美元收购传奇影业

2016 年 1 月 12 日，万达集团宣布以不超过 35 亿美元现金收购美国传奇影业公司100%股权，成为迄今中国企业在海外最大的文化产业并购案，也让万达影视一举成为全球收入最高的电影企业。

（3）汽车之家16亿美元被中国平安并购

2016年4月15日，澳洲电讯宣布，将以16亿美元(约合人民币103.5亿元)价格出售上市公司汽车之家47.7%股份给平安信托，出售价格为29.55美元每股。交易完成后，澳洲电讯将持有6.5%股权，平安信托将成为汽车之家最大的股东。

（4）京东98亿“打包接盘”1号店

2016年6月21日，京东宣布与沃尔玛达成一系列深度战略合作，并以增发5%股本换得后者旗下1号店核心资产。按当时京东市值计算，京东接盘1号店约花了98亿元人民币。

（5）阿里巴巴95亿美金现金收购饿了么

2018年4月2日，阿里巴巴正式官宣确认这笔中国互联网史上最大一笔现金收购——95亿美金现金收购饿了么。交易完成后饿了么会融入阿里生态，并进一步得到阿里巴巴在新零售基础设施、产品、技术、组织等方面的全力支持，继续保持独立品牌、独立运营。

当然，最后梁山也没有逃过被收购的命运，发展壮大后的梁山，被一家更大的集团公司——北宋国家集团并购。跟很多并购后的企业一样，一旦收购完成，创始人团队大概率就会被边缘化，梁山好汉被并购后，也落得个七零八散、十之八九死于非命的下场。

小白经济学

第三部分

无处不在的经济学

我们的晚餐并非来自肉商、酿酒师和面包师的恩惠，
而是来自他们对自身利益的追逐。
——亚当 · 斯密《国富论》

第八章

星巴克咖啡店内的秘密

1971年，星巴克诞生于美国西雅图，经过20年时间的发展，一跃成为全球巨型连锁咖啡集团。星巴克名字来源于美国作家赫尔曼的小说《白鲸》，书中有一个船员名叫星巴克，他很喜欢喝咖啡。

2018年，雀巢以71.5亿美元收购了星巴克的零售咖啡业务。当然，雀巢收购的部分并不包括即饮型产品以及星巴克咖啡店内销售的任何产品。也就是说，如果大家到店里去消费咖啡，这仍然属于星巴克集团。

其实，在一个个看似平常的星巴克咖啡店里，隐藏着非常多的经济学原理。下面让我们一起来看看你消费咖啡的过程中，都经历过哪些星巴克的“套路”。

1．星巴克到底有没有“小杯”？

很多人去星巴克喝咖啡，在点咖啡的时候，面对排在柜台上的三个杯子，很可能经历下面一段尴尬的对话：

店员：您好，你喝中杯、大杯还是超大杯？

顾客：我要中杯。

店员：您是要这个吗？（指着第一个杯子）

顾客：不是，我要中间的那个中杯。

店员：哦，中间的这个不是中杯，这是大杯。

顾客：……

星巴克展示出来的这三个咖啡杯子，依次被称为中杯、大杯、超大杯，但为什么没有小杯呢？这背后就是学问了。

如果第一个是小杯，那么在顾客选择的时候，很多人会倾向选择“中间选项”，这样一来，顾客就会选择中间的那个杯子，也就是真正的“中杯”。但星巴克选择不摆出小杯，只摆出中杯、大杯、超大杯，以此把顾客的消费习惯引向中间的那一个，那其实是大杯。

事实上，你依然可以向店员要求点小杯，虽然小杯并没有摆出样品杯子，但在店内依然有销售，但绝大多数人会通过这三个样品的杯子，自然而然地选择中间的“大杯”。

在成功将你引向中间的“大杯”之后，星巴克会引导你继续升级，直到最后你选择“超大杯”。超大杯是星巴克利润最高的产品，引导大多数人选择超大杯，有利于提升店面营业额和利润。

而且，他们还对中杯、超大杯的价格进行了精心设计，消费者发现，只要多出 3 元钱，就可以从“大杯”升级到“超大杯”，但多出了 83 ml 咖啡，稍微一算就觉得这非常值。

根据之前讲过的“边际成本递减”原理，由于店面房租、店员工资、咖啡设备等成本几乎已经锁定，大杯与超大杯之间只是多增加了一点儿牛奶而已，从成本上几乎可以忽略不计，也就是说“边际成本”很低，这 3 元钱大部分都是净利润。

这与一架即将起飞的飞机一样，多一个乘客并不会增加飞机的飞行成本。星巴克也是如此，在其他成本固定之后，每个顾客的客单价越高、消费频次越高，星巴克的利润就会越高。也就是说，就大杯和超大杯的成本而言，在星巴克眼里几乎是一样的。

星巴克的“心机”还不仅如此。他们总喜欢在橱窗里摆放价格非常昂贵的“依云”矿泉水。星巴克的本意并非要销售多少矿泉水，而是以此来衬托星巴克咖啡的价格较低，让消费者有“一瓶矿泉水都这么贵，这么一大杯咖啡的价格还真不算贵”的感觉。

2．奇特的排队方式

星巴克店里处处充满着经济学原理。刚才谈到了大、小杯选择的秘密，下面继续看星巴克奇特的排队方式。

在大多数餐饮排队中，几乎都是采用清一色“竖向式排队”方式。比如肯德基爷爷和麦当劳叔叔里面，都是采用这种方式。但星巴克标新立异，一律采用“横向式排队”。这可不是因为星巴克某个店的偶然现象，也不是星巴克房间狭小，这其实是星巴克在装修之时就已经设计规划好的。如果你再留意，你会发现每一家星巴克咖啡店皆是如此。

为什么让顾客横着排队呢？答案很简单，因为这样可以让消费者在商品橱柜前面停留更长时间，以此来提高橱柜内坚果、三明治、甜点、纪念品、VIP 卡、马克杯等商品的购买率。

队伍前面的人很多，售货员正在忙着制作咖啡，你在无聊的等待队伍中，看到诱人的蛋糕、漂亮的水杯等商品，很多人就会冲动购买其中一样东西，而这正是星巴克想要的结果。

另外，“横向式排队”能够缓解排队者的焦急心理，因为这样的排队方式让所有排队顾客离售货员都非常近。人们可以明显地感知售货员正在忙碌什么，以更好地营造其“慢节奏”的消费环境，给顾客以安逸、静舒的感觉。

而“竖向式排队”却不是如此，越是后面的顾客，离售货员和柜台越远。远处的顾客对前面店员的状况一无所知，可能会因为进度缓慢而产生焦急心理，从而放弃消费离开咖啡店。

还有，如果横着排队，排队的人相互交流更加方便，陌生人搭讪可能因此成为朋友，这被称为“咖啡排队社交”。这一点在国外效果比较明显，但国内消费者与陌生人沟通交流偏向腼腆，不过情况似乎正在变化。

3．如何让你快点离开

星巴克的门店，大都位于城市繁华区域的商务区，很多人可能都有同一个感受：你约好朋友在某个星巴克谈事，但当你准时走进星巴克店内，才发现根本没有空余座位。

星巴克当然早就发现了这个问题，为了提高门店的“翻台率”，也就是让一张桌子每天接待更多顾客，星巴克开始想办法让那些一杯咖啡坐一天的人尽快离开，但方式也不能太过明显，如果太明显就会引起顾客的反感。

也就是说，星巴克需要既要赶人走，又要做得不留痕迹，这当然难不倒擅长营销的星巴克。

首先，星巴克将店内装修全部改为硬线条的工业风格，被戏称为“性冷淡”装修风格。这种风格并不会让人觉得这里是舒缓、惬意、慵懒的休闲之地，更像一个充满紧张节奏的工作场景，这跟国内的其他咖啡馆、水吧的舒适装修风格完全不同。

然后，星巴克尽可能地减少店内的电源插头数量，让那些带着电脑想在这里坐一整天的人彻底放弃这个想法。星巴克与漫咖啡里坐满写作业同学的理念恰恰相反，即使大学校园附近的星巴克门店，也几乎很难找到多余的电源插头。

再则，星巴克的音乐声音不会太低，这并非偶然为之。对于音量，星巴克有着自己的严格规定。因为把音乐保持在一定的音量，可以让那些“霸座”写作业、打盹的群体无法长期占座，从而留出位置给其他人。

星巴克还专门设计定制了个性化木质椅、高脚凳、墙边桌等不太舒适的“硬家具”，这些不带缓冲软座的“硬椅子”，会让顾客有久坐不舒服的感受，这与国内其他咖啡店带有软座也完全不同。

而且，一到夏天星巴克就会将店内冷气温度调得很低，顾客刚进店一开始会觉得非常舒服。这看起来好像是福利，但等在室内静坐半个小时后，即使在大夏天也依然会感觉冷气逼人，这时很多人就会考虑离开，毕竟没带多余的衣服，再坐下去可能会冻感冒。

星巴克不会像其他咖啡店一样使用大瓷杯来盛装咖啡，除了需要开水冲泡的茶饮之外，他们一律采用一次性纸杯盛装。也就是说，顾客可以不用喝完就能带着杯子离开咖啡店。

4. 小杯子里的大生意

2019年2月，星巴克一款叫作“猫爪杯”的杯子占据媒体头条，一夜之间成为网红产品。由于供不应求，甚至还出现星巴克门口搭帐篷连夜排队、争夺杯子大打出手的场景，原价199元的杯子，在网上被卖到上千元。

星巴克被粉丝开玩笑称之为“主业卖杯子，副业卖咖啡”，其卖杯子已有20多年历史，最早可以追溯到1997年的“圣诞假日杯”，只不过刚开始推出的是纸杯。

之后，星巴克会在每年圣诞节、情人节推出花样百出的各式纸杯，在这一天去星巴克的人，很多人并非专门去喝咖啡，而是去买为节日专门设计定制的纸杯。

后来，星巴克越玩越开心，不只在节日设计新纸杯，还会根据季节变化设计不同主题的杯子，如2017年3月，星巴克美国门店就推出代表春季的蓝色、黄色、绿色纸杯。

除了纸杯，星巴克又开始放飞自我，设计出品类各异的马克杯、保温杯。包括季节款、城市款、联名款等眼花缭乱的产品系列，让人怀疑他到底是卖咖啡的还是卖杯子的。在这些款式之中，最出名的当属城市限定款马克杯。

星巴克在全球范围内已经有21300多间分店，分布在亚洲、北美、南美洲、欧洲、中东及太平洋区。在全球的任何一家星巴克门店，人们都可以买到代表这座城市的特色马克杯。

于是，收藏党们就坐不住了，去一个城市第一件事就是去当地的星巴克买一个代表当地城市的限定款马克杯，以此作为另一种“打卡”这座城市的方式。

会玩杯子的星巴克，还偶尔搞出点儿大事情，时不时和其他品牌或设计师推出联名款的杯子，比如它2015年就和著名时尚品牌ANNA SUI推出跨界设计版随行杯，受到众多粉丝的追捧。

2017年初，星巴克再次与纽约时尚品牌Alice+Olivia跨界合作，推出包括马克杯、随行杯、帆布袋在内的多款联名限定款，让“杯粉”们大呼过瘾。

而且，星巴克每年还要推出属相杯，这受到很多中国消费者的欢迎，在这个非常看重属相的国度，如果你错过了个人属相对应的马克杯，那么下次购买就是十二年之后的事了。

当然，除了满足收藏愿望，星巴克也将马克杯与环保联系在一起推出相关优惠活动，呼吁大家尽量少使用纸杯。如果你带着杯子去星巴克，即使不是星巴克的杯子，也会享受咖啡的价格优惠。

在每年4月22日地球日这一天，星巴克门店还会推出“自带杯子咖啡免费”活动，不过就在国内前几次开展的情况来看，这个活动被众多爱薅羊毛的参与者给玩坏了。

“小杯子里有大生意”。2018年，星巴克集团总收入为66.3亿美元，约合人民币460亿元。星巴克虽然没有公布其卖杯子的收入，但有专家估计，星巴克杯子销售可能占比总收入的5%，也就是说，星巴克每年的杯子销售收入约为人民币20亿元。这还真不是一个小数目，星巴克果然就是个卖杯子的企业。

星巴克的杯子与宜家的餐厅一样，看起来有点“不务正业”，但这个剑走偏锋的尝试非常成功。这也源于他们对于消费行为的深入理解。

这也为中国的企业经营提供了很好的思路。当客户群体产生黏性后，如何深耕这个群体的诉求、围绕开发周边产品，星巴克、宜家都是很好的借鉴。

当然，另外一家咖啡店就没有这么好的运气了。瑞幸咖啡2017年成立，然后以不可思议的速度在美国上市，从成立到上市仅用了18个月时间，再次刷新人们的认知。

正当大家开始学习“瑞幸闪电战”的时候，4月2日，瑞幸发布公告，公开“自曝”财务造假，从 2019 年第二季度到 2019 年第四季度的虚假交易相关的总销售金额约为人民币 22 亿元。

其实大家都清楚，瑞幸是迫于无奈，因为浑水机构长达 89 页的调查报告证据确凿，为了不死得太难看，这才选择自曝家丑。消息一出，瑞幸咖啡股价就开始了史无前例的各种暴跌，开盘后不到一小时表演了 6 次熔断，一夜之间跌去 350 亿元人民币的市值。

第九章

相亲经济学

北京中山公园、上海人民公园、广州天河公园，深圳莲花山公园，被戏称为中国“四大相亲江湖”。在这四大江湖里，持续演绎着永不落幕的傲娇和嫌弃。

在这个市场里，产品是那些数量庞大的大龄男女青年，但现场摆摊营销的往往是那些单身青年的父母。这些父母大都退休赋闲在家，在屡次催促无果后，他们决定不再遥遥无期地被动等待，而是主动出击寻找女婿、儿媳。

于是，那些“原力觉醒”的父母，开始陆续走出家门，会聚成规模浩大的相亲军团。其实，这四大公园只是中国相亲江湖的一个缩影而已，在全国可能还有上千个这样大大小小的公园相亲角落。

据民政部官方数据显示，截至2019年年底，我国单身人口已经达到2.4亿，单身群体数量庞大，而相亲也成为一种常态。另据调查显示，38%的单身男女首次相亲年龄不足23岁，24%的单身男女为 23~25 岁。

到底是什么导致了中国庞大的单身群体，是这些男女天生傲娇，还是内心本就卓尔不群？是内心那个小公主梦还没有睡醒，还是那个王子还没有出现？不妨尝试用经济学思维来探究这个庞大的群体现象。

1．“机会成本”与“沉没成本”

隔壁老王家的姑娘今年开始进入相亲状态。她发现身边的七大姑、八大姨、朋友、同事开始陆续批量推荐，让她忽然有了一种武则天君临天下的错觉，最终她锁定三个人：技术男、富二代、长相不输王力宏的帅哥。

看着她流口水的痴迷眼神，她的小姨、姑妈赶紧提醒她只能选一个，不能都选，于是这个姑娘忽然有“鱼，我所欲也；熊掌，亦我所欲也”的为难。

最后，她选择了那个富二代。跑车、骑马、高尔夫俱乐部的生活过了几年后，这个姑娘逐渐发现了问题，这哥们儿不但缺少内涵，还不够专一，当初那个美好的第一印象已完全消失。

但是，当她回头时，发现那个被她淘汰的技术男也已成家立业，论文还发表到《自然》杂志上，天天在朋友圈晒孩子的照片，一家人日子过得非常美好。

那个不输王力宏的帅哥也已经恋爱，身旁有一个长相不输汤唯的姑娘。一切都貌似错过了，这就是经济学中的“机会成本”。

你选择了一样，就不得不放弃另外一样。

现在怎么办？她想放弃富二代，但是又觉得很不合算，在一起两年了，虽然感觉不合适，但是毕竟习惯了，她犹豫着是不是要离开，这就是前面讲过的“沉没成本”原理。

这里的“沉没成本”是她的时间，以及她放弃的那个技术男和王力宏一般的帅哥，这些都是无法收回的。前面讲过，经济学给她的建议是尽快放弃沉没成本，及时止损，才能及时脱离困局，重新开始。

在下一次选择时，为了避免选择错误，需要对自己的需求、条件进行重新定位，定位越是准确，越能做出正确的选择，从而避免下一次的恋爱再次变成“沉没成本”。

2. 要学会“去库存”

2017 年，党的十九大报告提出了“坚持去产能、去库存、去杠杆、降成本、补短板”的方针，意思是全力以赴把之前某些行业多余的产能、产品快速销售掉，以免造成过期浪费等情况。

如果放到相亲上来，学会“去库存”也非常需要智慧。很多青年从 22 岁大学毕业就开始相亲，由于对自己估值太高、定位不准确，发现错过了不少合适的人。于是，在痛定思痛以后，开始实施“去库存”策略。

去库存需要有“减值”的心理准备，说直白点儿就是为了能找到合适的人，可能需要你重新定位自己，适当降低要求，从以前“身高超过 180cm、硕士学历、颜值 9 分比肩宋仲基”的高要求，降低为“身高超过 175cm、本科学历、颜值 6 分顺眼就行”。

这其实和“打折促销”在原理上是一致的。当然，这并不是说打折就不好，也许正是你“打折”了个人要求，才使你的要求回到了合理位置，因为之前的要求可能真的太高了。

早一点定位、去库存，才能够使自己收益最大化。有的人 28 岁想到了去库存，可能打八折就能完成；如果等到 38 岁才去库存，那打六折也能勉强完成；但如果等到 48 岁才想到去库存，可能打三折也未必能完成。

很多情况下，“减值”速度因人而异，虽然我并没有男女偏见，但在中国社会中，大多数人会认为女性“减值”速度超过男性。所以，你会听到周围人说：“男的着什么急呢，不是 40 岁还年轻吗？”说的其实就是这个意思。也就是说，女孩子如果对自己的年龄比较在意，那么要尽早实施“去库存”策略。

所以说，男性也好，女性也罢，都要学会“去库存”的思维方式，比如要学会看对方的某些优点，从而降低对其他方面的要求。当然，也不要病急乱投医，不要为求尽快“去库存”，毫无底线地下降要求，那样将会给自己带来更大的麻烦。

3. 爱情边际效益递减

学会智慧地“去库存”后，你终于恋爱了，在恋爱过程中，不少女孩子都喜欢不厌其烦地问男朋友一个问题：“你会一辈子这样对我好吗？”

前面讲过，“边际效益递减”规律告诉我们，当你非常饥饿的时候，吃第一个馒头会觉得特别香，随着第二个、第三个吃下去，到了第七个馒头的时候，可能你就再也体会不到第一个馒头的那种满足感和幸福感了。

所以，有种说法叫“七年之痒”，这是个统计大数据。结论认为，很多夫妻在一起七年后，感情会逐渐变淡，也就是会走到一个关键时间节点。这个时间点大概率会出现彼此认知差异，严重时还会面临婚姻能否继续下去的考验。

当然，还有些无聊的科学研究表明，爱情的保质期大概在 20 个月左右，其实这些不正经的研究说的是同一个意思，那就是经济学中的“边际效益递减”效应。

随着时间的流逝，随着熟悉程度增加，彼此的神秘感一点点消失，“渴望接近彼此的效益”逐渐递减，于是很多女孩子便不断重复地问对方，以期望得到肯定答案。但大多时候，对方都是重复用毫无把握的答案来敷衍而已。

如何破解相亲中男女双方“边际效益递减”的谜题呢？方法非常简单，那就是不断加入其他新的效益，比如共同爱好、思维、见解、独立、气质、能力等。

凡是可以让你魅力增加的技能，都要去一一解锁，这样才能在对方心里增添更多效益。因为对方会根据对你的了解，对你有一个预期，如果她某天发现，你居然还会弹奏钢琴，或者他发现，你跳芭蕾舞的样子美得出乎他的意料，那一刻，对方对你的估值随着惊喜而倍增。

当然，这些魅力可能是某种技能，也可以是你刚学会的细心和温暖，或许是你在她不开心的时候一个默默的拥抱，都会让你魅力升值。

所有这些，都能让对方觉得你是一本越品越香的茶、越读越有味的书。这些效益的增加，可以弥补你其他效益的减弱，比如你无法挽留的容颜、身材、活力等。

4．婚姻的帕累托改进

“于千万人之中，遇见你所遇见的人，于千万年之中，时间的无涯的荒野里，没有早一步，也没有晚一步……”只有张爱玲，才能对爱情有如此细腻的笔触，写出了相遇、相爱的不易和美好。

意大利经济学家帕累托提出了一个理论：如果一样事情至少可以有益于一个人，但不会对其他人造成伤害，这被称为“帕累托改进”。

如果你能正确定位自己、合理要求对方，那么你的恋爱可能就是“帕累托改进”。也就是说，恋爱没有对你们两个人造成伤害，而至少使你们其中一个人变得更好了。

如果此刻你们还存在一些问题，那也要学会修正，于是又有了另外一个概念，“帕累托最优”。也就是说两个人之间已经改进得刚刚好，如果再优化一点点，就势必会伤害另外一个人的利益，这也是一种非常美好的爱情状态。

如果你还不能理解“帕累托最优”，下面再举个例子：一辆挤满人的公交车，人数刚刚好，如果一个人从后门挤上去，就会发现前面一个人被挤出来了，前面的人再次挤上去，发现后面那个人又被挤了出来，这辆车的状态，就是“帕累托最优”。

希望经历了各种艰难险阻之后，恋人和夫妻之间都能彼此包容、彼此改进，也期望天下有情人的婚姻都可以达到“帕累托最优”状态。

5．相亲信息经济学

在相亲市场上，各种优秀的青年男女逐渐发现了一个问题，虽然大家都知道中国有2亿单身男女，但这些人在哪里呢？而且，他们的学历、收入、家庭、经济等详细资料如何，如何找到他们的联系方式呢？显然，只凭熟人介绍数量毕竟有限，如何才能将相亲范围扩大呢？

古代大户人家的小姐，在达到适婚年龄后，也遇到过同样的难题。但过去没有互联网，于是古人就想出一个好办法，他们全国张榜，通过“比武招亲”“对诗招亲”的方式，获得更多的关注，吸引更多、更广范围的候选人，以此来解决信息不对称的问题。

现代的公园相亲其实就是由古代这种方式发展而来的，只不过模式更先进、规模更庞大，不仅仅局限于一家人，而是成为一个大型信息集市，大家在集市上进行信息交换，让男女双方成功匹配。

古人的这种方式其实有点类似今天发个公众号，让男青年来比武招亲。没错，由于互联网的存在，这也逐渐发展成一门不小的生意，如果将男女信息都集中发布在一个平台，经过身份验证、资料验证后，彼此即使互不相识，也可以交换联系方式，然后线下见面、了解，以确定是否在一起。

也就是说，这个互联网方式比公园相亲又先进一步。这里 24 小时不打烊，用互联网解决“信息不对称”的问题，这个市场其实还很大。

根据 2018 年度财务报告，由世纪佳缘、百合网合并而成的百合佳缘公司营业总收入为人民币 13.3 亿元，可见这个婚恋信息市场还真不小，在这些平台上，活跃着无数的现代网络版“红娘”，为男女双方撮合。

第十章

哪里的房子能赚钱？

房子，是中国人都无法避开的话题，一个城市未来的房价到底是跌还是涨，牵动着每一个居住在这个城市里的人的神经。

虽然没有人能准确预测未来，但房价的上涨和下降也不是完全没有规律，如果从经济学的角度来分析，其实也可以看到价格变化的蛛丝马迹。

1．人口聚集带来的供需变化

从长远来看，未来人口要往什么地方聚集，那么这个城市未来的住房需求就会加大，其房价也就会跟着上涨。中国经过多年的区域性发展，整个人口流动趋势其实已非常明显，在未来三十年中，中国有四个重要区域值得关注。

首当其冲的是“珠三角城市群”。随着中国对珠三角进一步功能深化，深圳、广州、珠海、香港等城市形成的“大湾区”呼之欲出，这极有可能是未来第一大超级城市群。海、陆、空交通极具优势，占尽气候、地理、物流、离岸金融、人才汇聚等诸多优势，未来将会产生人才的“虹吸效应”，吸引大量周边区域的人口。

第二个当属以上海为首的“长三角城市群”。上海、南京、杭州、苏州、扬州等江南城市正被高铁相互连接起来，随着这些城市的地铁系统逐步完善，将来会形成彼此区域内的无缝对接。这里正汇聚起互联网、云计算、手工业品、旅游、文创等高价值产业，未来将成为中国最具活力的新经济城市群之一。

第三个是“京津冀城市群”。随着雄安新区的落地，以北京、天津、河北为主的城市群，逐渐形成政治、文化、总部经济带，由于首都的汇聚作用，加之教育、医疗、影视、互联网、金融、企业总部等效应，未来的汇集效应将进一步增大，人口也会进一步增加。

第四个是以成都、重庆为中心的“川渝城市群”。成都、重庆、眉山、乐山、资阳、温江等城市，已经完成了第一阶段的城铁连接，正在筹划的多条高速公路、地铁工程，会进一步缩短城市间的距离。在旅游、创业、宜居、美食、文艺、手游等标签的吸引下，成都近年来人口一直保持较快增速，不久的将来，这个城市群可能会发展成为整个西部的中心。

事实上，从古至今无论哪个时代，人口都不是平均分布的，即使在强盛的汉、唐、宋等朝代，人口也都是聚集在以京城、江南一带、水运城市为主的区域。因为当时水运是最为高效的运输方式，低运输成本让河流一带聚集了数量众多的手工业作坊和商人。

在不同的时代，人口聚集的原因都几乎一致，即随着产业和商业贸易而聚集。宋代经济非常发达，于是京城开封一带人口高度聚集。但到了现代，开封市并非是人口汇集区域，人口汇集的区域转移到了北京、上海、深圳等地。

古人逐水草而居，现代人是逐产业、逐企业、逐气候环境而居。随着中国产业布局的逐渐稳定和清晰，未来的中国人口聚集效应也会更加明显。

再来看看一些发达国家。日本35%的人口聚集在东京都市圈;韩国更为夸张，几乎有一半的人口聚集于首都首尔；美国、巴西、意大利、菲律宾、英国、印度等国家的趋势也是如此。

中国未来的人口也将不断聚集到上述的四大城市群，这些城市群未来的资源可能会更加紧缺，房价可能不会太低。

2．土地、金融、产权的影响

长期来说，楼市会受到产业布局、人口流入等几个方面的影响。但就短期来说，中国的楼市则会受到土地、金融、产权的综合影响。

2006年，中国提出保证18亿亩耕地红线是未来一个具有法律效力的约束性指标，是不可逾越的一道红线，不仅要管到2010年，而且要管更长时间。

虽然耕地红线已经划定，但对每个城市来说，依然具有很大的腾挪空间，城市中有很多棚户区、绿化区、闲置土地可以在未来派上用场，但究竟以什么速度放出来，这也成了决定中期这个城市房价上涨的一个决定性因素。

金融政策是短期调控房地产的主要手段。银行的调控无非两种手段：首付比例、贷款利率。尤其是首付比例对房价的影响特别明显，首付比例的提高，让人们购买房产降低了杠杆，需要更多的现金。

以北京来说，购买住房的首付比例从开始的 20% 提高到 40% 甚至更高，以前手里的现金如果首付 20%，可以购买两套房，现在 40% 首付只能购买一套房。

而且，贷款利率也是一路攀升，也就意味着月供贷款的压力在增加，这也是利用价格影响人们的行为的例子。当然，许多城市还出台了严格的限购措施，从资格上设置门槛，这其实是在变相地降低需求。

当然，全国各地还推出了共有产权、限价房、保障性住房等多项措施，来落实“房住不炒”的理念，让居者有其屋。这也在一定程度上分担了需求的压力。

2019 年，全国 50 大城市合计卖地 4.41 万亿元，同比上涨幅度达 19.33%，刷新历史纪录。地方政府对于“土地财政”的依赖依然还很强。

很多地方政府的收入中，土地出让金甚至占据一半，而且越是产业不发达的城市，对房地产依赖就越大。因此，在今后一段时间里，政府还会对土地财政存在依赖性，那么土地价格就可能还处于高位运行，这也在一定程度上决定了目前房价不能下降太多。

3．人群的通胀预期

什么是通胀预期？简单地说就是人们担心钱存在银行里会贬值，如果国家货币超发，就会引发物价上涨，手里的现金“购买力”就下降了，会越来越不值钱。所以，购买黄金、固定资产等是避免自己资产贬值的最好手段。

前面讲到了一个国家的通胀与该国家的广义货币 M2 数量有关，中国的 M2 增速还是略大于 GDP+CPI 增速。按照著名经济学家弗雷德曼的理论，如果货币供给速度大于 GDP+CPI 的速度，就会引起通货膨胀。

从 1998 年开始，中国的 M2 快速增长。2018 年年底，M2 为 182 万亿元，20 年时间增长了 17.5 倍。

北京在 1998 年时住房每平方米均价为 4000 元左右，2018 年底，每平方米均价已突破 60000 元，差不多增长了 15 倍。按照 M2 的增长速度对比，其实房价增长速度并不违反经济规律，上涨价格也不算太离谱。

为什么人们对房价上涨如此敏感呢？这是因为房产的价值基数较大，又是国民刚需，所以每每牵动人们神经。如果你仔细调查，就会发现你楼下小巷子卖的烤红薯在 20 年中的价格变化有可能超过房价上涨速度，你没有觉察是因为它基数太小。

大城市的住房并不只是一个居住之所，其实还带有更多投资属性，以及投资之外的其他附属价值，比如与房子绑定的学区等。

如果未来通胀预期不消除，大家可能还会热衷选择投资房子这样的固定资产，中国未来的房价依然很难有下降空间。

而且，近几年百姓的投资渠道相对较少，股市在 2015 年走向熊市以后，至今还徘徊在 4000 点附近毫无起色。P2P 理财前几年倒是提供了 10% 的高收益回报，但 2018 年风险全面爆发，几千家公司崩盘倒闭，P2P 投资方式现在人们闻之色变。

此外，海外保险、海外房产投资也受政策限制，进行大额度的投资已经非常困难。虽然国内银行的理财产品安全度相对较高，但收益率较低，一般只有 3%~5%。

于是，在综合比较所有的投资渠道后，人们发现买房是最安全、最有收益保障的投资渠道，巨大的需求大于市场供给，房屋的价格自然就会上涨。

为了限制大家非理性购房，近十年来，国家出台了各种“限购措施”，但依然无法遏制大众购买的热情。长期来看，“限购”只是暂时抑制需求，急需要的是解决民众投资的渠道问题。

而限购、放开限购等政策反复中，带来了诸多负面影响，特别是一线城市。每当取消限购政策后，房价就会出现报复性上涨，因为民众担心再不买又会限购。因此，只有解决民众投资渠道、缓解通胀预期焦虑，才是解决房地产过热的根本方法。

4．传统文化的影响

有人说中国的房价一半是丈母娘推高的，这虽然是开玩笑，但也不是毫无道理，这道出了中国人骨子里的领地意识，以及对安全感的需求。

在中国的丈母娘看来，如果未来的女婿没有能力购买房子，就会下意识觉得自己女儿未来的生活可能不会太好，大概率会漂泊无依、居无定所。

在女孩子眼里，如果男方没有房子，就缺乏安全感。很多在大城市工作的女孩子对租房、搬家心有余悸。所以，很多女孩子对男方有房几乎是硬性要求。安居才能乐业，这一直是中国人代代相传的家庭理念，所以买房几乎是被刻在中国人基因里的文化，这是任何外力短时间都无法改变的。

跟中国不同的是，一些美国年轻人选择长期租房，甚至还有人用火车车厢往那儿一放，就开心地住下了。这些美国的年轻人丝毫没有觉得这样的日子很苦，只是觉得居住形式不同而已，甚至他们觉得这样更自由，而且很多美国女孩子也不觉得跟男朋友租房住就很憋屈。这可能是两国年轻人不同的习惯吧。

也许这些习惯跟美国当初建国有关。美国是由一群清教徒建立的。这些清教徒来北美之前在英国被追杀，居无定所。来到美洲大陆后，一个帐篷就算安了家，觉得只要没有被人追杀就挺好，所以，流浪和冒险是刻在美国人基因里的文化。

当然，只是美国的男孩子觉得租房好还不够，除非女孩子和丈母娘也这么认为，否则，你住在租来的房子里就很难找到女朋友了。所以说，这需要互相认同才能达成共识。

于是，中国一部分人因为安全感必须买房；一部分人担心现在不买，以后就买不起的人也开始借钱买房；还有一部分人因为朋友买房了碍于面子也必须买房；当然，也有一部分看到商业机会，开始投资性买房。

就这样，大家相互比拼、相互踩踏，共同把房价一轮轮地向着高价方向推进。在这个大环境影响下，一旦购房被社会认定为安家、投资的必备品时，房产的需求就被进一步扩大了。

5. 高房价的影响

高房价对中国社会产生的负面影响，远不止年轻人买不起房子这么简单，而是严重危害整个国民经济的发展，削弱实体经济的竞争力。

首先，房价上涨过快导致居民购房负担过重，降低其他消费能力。据统计，1998年至2006年，居民收入平均增长10%，而房屋销售增长却达到32.6%甚至更高，绝大多数购房者纷纷削减了其他商品消费，这在很大程度上影响了内需的提升。

其次，房价上涨过快加剧了地区之间、居民之间的贫富差距。少数人炒房抬高房价，而一部分人缺乏购房能力，于是便出现一边通过炒房成为富豪，另一边出现大批无房户，进一步拉大了社会的贫富差距。

再次，大城市的高房价提高了商业成本。零售商业的场租费用上升，而由于房价降低了国内的物品消费，造成店铺生意清淡，使商业零售业和服务业的经营陷入“成本高、销量低”的双重困境，不少店铺被迫关门。因此，高房价阻碍了商业服务业的健康发展，减少了城镇就业机会。

而且，我国的科研机构、企业工程技术研发中心、科技人才等科技资源主要集中在大中城市，大中城市房价过快上涨，超出了包括科技人员在内的工薪阶层的购买能力，使他们难以安居，迫使高端科技人才外流。

最后，高房价间接导致人们生育的积极性不够。高房价不断削弱居民的消费能力，让准备生育的家庭不得不考虑生活成本问题，让人们从“愿意生”到“不敢生”。据统计，2017 年新生儿为 1723 万，2018 年下降到 1523 万，到 2019 年，新出生人口继续下跌，出生只有 1465 万左右，而 2019 年死亡人口为 998 万。随着老龄化社会到来，中国人口负增长的情况可能很快就会出现。

房子在中国人的眼中，是一种非常特殊的商品，其意义几乎超越了其他一切商品。在不久的将来，这十多年高房价带来的一系列社会问题，将随着时间逐渐暴露出来。

也许到时候，要弥补这些问题，我们将会付出更大的社会成本，远远超过土地出让带来的短期收益，甚至有些损害是根本无法弥补的。

第十一章

关于节约的趣论

18世纪，荷兰的曼德维尔博士在《蜜蜂的寓言》一书中，讲述了一个有趣的故事，而这个故事也启发了凯恩斯。这个故事是这样的：

有一个蜜蜂王国原本十分繁荣，生活幸福富足，每只蜜蜂都整天大吃大喝。后来，有一个哲人教导它们，说你们不能如此挥霍浪费，应该注意节约，节约才是美好的品德。

蜜蜂觉得哲人说得很有道理，经过高层蜜蜂召开会议后，决定迅速贯彻落实节约政策，于是在蜜蜂王国里个个争当节约模范，人人以节约为美德。但结果出乎预料，不久以后，整个蜂群开始迅速衰败下去，最后面临着荒废破败的景象。

1. 过度节约的代价

我们一直接受的是“勤俭节约是美德”的教导，而经济学又告诉我们，消费、投资、出口是拉动经济的三驾马车，其中消费就是最重要的一驾，节约会导致消费下行，那么到底要不要节约呢？

凯恩斯曾经提出了一个“节约悖论”，根据凯恩斯主义的国民收入决定理论，“消费会引起国民收入同方向变动，储蓄会引起国民收入反方向变动。”

民众：我们要开始节约了。

企业：这下麻烦了，民众消费下降，产品销量也会大降。

民众：我继续节约。

企业：那我们卖不出去东西，我裁员、降薪，准备过冬。

民众：工资减少了，失业了，我还是继续节约。

企业：顶不住了，再次裁员、降薪，继续过冬。

民众：又降工资？我只能更加节约。

企业：我破产了，我只能继续裁员。

民众：我们都失业了……

可见，过度节约可能会导致一系列的社会经济变化。显然，这是一个经济的恶性循环图，如果陷入这样一个循环，对整个国民经济的伤害巨大。

20 世纪 30 年代，全世界爆发了经济大萧条，就如凯恩斯说的一样，大家都担心形势会急剧恶化，都不敢花钱消费。越是不消费，情况越糟糕，工厂倒闭得更快，失业人数越是加速增长。

你可能听说过这样的场景："密西西比河畔，农场主正将一桶桶的牛奶倒入河中，把一车车的大肥猪倒进河中，仅 1933 年一年就有 640 万头猪被活活扔进河里淹死，有 5 万多亩棉花被点火烧光。同样在英国、法国、荷兰、丹麦，整箱的橘子、整船的鱼、整袋的咖啡豆被倒进大海，无数的奶牛、小羊被杀死。"

相信很多人觉得很困惑：企业为何如此浪费？还不如低价出售，这样至少可以收回成本。其实，经济学中，这样销毁商品属于"保护价格"行为，倒掉多余的牛奶，以后才可能再次出现"供不应求"的市场局面，价格才会保持上涨。

如果不倒掉牛奶，始终都可能是"供大于求"的状态，满足了消费后，再提高价格就很难了。如果倒掉可以打破市场上牛奶"供大于求"，甚至达到"供不应求"状态，那价格就可以稳住，甚至上升。从长远利益来看，这样做保护了企业方的利益。

这是经济危机中经常出现的场景：一方面是民众选择过度节约，不再购买东西；另一方面却是工厂生产出来的商品严重过剩卖不出去，双方最后进入僵持状态。

萨缪尔森在《经济学》中说，富兰克林的《穷人理查德的手册》

中告诉我们“节俭一分钱就是挣一分钱”。但是，正当我们开始学习理查德的智慧时，却出现了新一代财富专家，他们告诉人们，在萧条时期，古老的节约美德会变成现代的罪恶行为。

这其实就是节约的双面性。它可能在一个特定的、局部小家庭中是有效的，比如一个收入较低的家庭，一家人节俭可能帮助家庭渡过难关。但对整体经济而言未必有利，尤其是经济萧条、产品过剩时期，全民节约更是一种灾难性的行为。

2．提倡“新消费”与“节约”矛盾吗?

在2017年两岸企业家紫金山峰会上，网易CEO丁磊在代表陆方企业发言时，首次提到了“新消费”概念。他认为，新消费是消费者的消费观、消费行为的新变化。

虽然有巨大的住房负担，但中国人的消费观还是发生了翻天覆地的变化，从消费初级标准化，到现在的个性化、定制化，中国人正在变得更加潮流和时尚。

衣、食、住、行历来是消费的重头戏，尤其是服饰，它是一个时代最为明显的印记。如果你仔细观察不同时代的电影，就会发现没有一样比服装更能代表一个时代。

近年来，中国的服饰消费也是突飞猛进。在国际大品牌热潮过去之后，一部分中国人已经不太热衷千篇一律、容易撞衫的国际大品牌，那些曾经是明星专属的“服装定制化”开始逐渐出现在大众消费清单中，让追求个性化的群体有了更多“与众不同”

的选择。

江苏扬州市有一家名为“静菱色彩”的服装工作室，至今已有十几年的经营历史。这家工作室以专为女性定制个性化服饰在当地小有名气。

其创始人董一霏告诉我们，公司近几年订单规模一直高速增长，而且老客户非常稳定，其拥有十几年会员历史的顾客也不在少数。她说女孩子一旦选择定制化服饰，大部分就不愿意再去购买商场标准化的衣服。

江南女子爱美，而江南人也更愿意为美买单。静菱色彩工作室是新消费的一种模式，也预示着未来消费的潮流和趋势。定制化可以根据个人肤色、气质、爱好等，定制不同颜色和款式，适应每个人的身高、体型，以更多地展示个人形象优势，这是传统标准化加工的衣服无法做到的。

2017 年，在世界物联网无锡峰会上，马云在演讲中说：没有互联网的制造业是没有希望的；当然，没有制造业的互联网更没有希望；制造业必须学会拥抱互联网。

未来，制造业将会是 Made in Internet（互联网制造），而且未来制造业本质上是服务业，趋势是个性化、定制化，是 C2M（顾客直连工厂）的定制化消费模式。

复星集团的郭广昌也非常看好 C2M。他说：“我大概能看到未来三到五年的这个趋势，复星集团就是要把握 C2M 这个趋势，进行未来整个生态链的布局。”

定制化的消费，只是目前欣欣向荣的“新消费”中的一个分支。

中国政府提出了“房住不炒”的概念，未来，中国居民在房价下降、经济企稳的前提下，其潜在消费力将会被全面激发，增长速度将非常值得期待。

3．什么时候该节约？

一方面，国家在大力鼓励居民消费；另一方面，传统观念又在不断提倡节约、鼓励储蓄，这是自相矛盾吗？

答案当然是否定的。节约与消费并不自相矛盾，而是“节约悖论”有其特殊的时间和空间。

如果国家处在经济繁荣时期，这时候提倡节约、增加储蓄有助于减轻社会通货膨胀压力，对于社会经济发展是有利的。比如，中国目前处于高速发展期，物质极大丰富，此时提倡节约非常有必要。

但在经济萧条时期，社会大量产品闲置，如果整个社会消费不足，存在严重失业等情况，政府就会鼓励消费，提高经济活力，而不应该提倡全社会节约。比如，在美国大萧条时期，提倡节约就不是一种好办法。

经济学中有一个“乘数理论”，说的是如果居民消费减少，就会使整个社会民众收入成倍减少，对整个国民经济的冲击则是放大几十倍的效应。

当然，无论在经济好的时候，还是经济萧条的时候，节约与宽绰都是相对的。每个人都要学会量力而行地消费，尤其是在个人消费借贷特别发达的今天，通过手机“借呗”“花呗”就能轻松实现消费贷，但切勿过度举债消费、过度透支信用卡消费，这样都会造成债务过高、严重影响生活。

所以，节约和消费，需要正确评估自己未来的赚钱能力。如果赚钱能力没问题，提高消费提升生活质量当然很好。但在赚钱能力不确定的情况下，更需要每个人克制自己随意消费的念头。

第十二章

身边“隐藏”的经济学

1. 商场设计的良苦用心

如果你仔细观察各地商场里的设计，你会发现很多被人忽略的“隐藏秘密”。

大家知道，商场的直梯数量不多、速度慢，再加之乘坐的人很多，经常处于排队状态。大多数人都会选择自动扶梯。商家当然不会放过自动扶梯这个环节，很多商场都在自动扶梯方面动了很多脑筋。

首先，会让你乘坐扶梯“不太方便”。现在很多新商城并不会按照顾客最方便的那样，乘坐自动扶梯往下到某层后，转身就能继续找到下一层扶梯，而是需要你再绕一些路，才能找到另外一个楼梯再下楼，这就是商场的“扶梯分离技术”。

因此，顾客不得不到处寻找继续往下的扶梯，如此设计无非是让顾客能够在商场中停留更多时间，提高购买商品的概率。因为你可能在寻找向下扶梯的路上，遇到了一家冰激凌店，于是你随意买了一个甜筒，继续寻找出路。

终于，你穿过无数个店铺、转了好几次弯终于突围而出，找到了向下的扶梯，商场也成功通过“扶梯分离技术”，多售出了一个冰激凌。

除了自动扶梯，经营者肯定也不会放过商场的“刚需”——洗手间，除了在洗手间放置各种广告外，还有商场卫生间位置的“潜规则”，那就是几乎所有的商场都不在一楼设置洗手间。

因为，大多数商场一楼都是以珠宝、化妆品为主的高端商品，如果将卫生间放在一楼，那么势必会成为商场周围半径500米范围内的公共厕所，外面来来往往上厕所的人，会严重影响一楼作为高端商品形象的定位。

顾客要上厕所怎么办？你需要上到二楼。当然，上了楼也不会让你那么容易就找到厕所，首先商场的卫生间标志较小，目的就是不要太明显，让你慢慢寻找。你可能在寻找厕所过程中，又发现了一家好店顺路消费，当你穿过无数的品牌店铺上完厕所，回来的时候，你发现下楼的楼梯你又得重新寻找，因为它跟上楼的楼梯并不在同一地点。

而且，商场还按照“目的性消费”“非目的消费”来分层经营。比如电影院、餐饮都是目的性消费，如果你去看电影，你会径直走到电影院购票；当你需要去就餐，大多数人非常明确地知道要吃哪家店，这叫作“目的性消费”。

商场会把“目的性消费”的商家放在最顶楼，比如餐饮、

KTV、电影院，这样你不会因为它们太偏而不去，因为你目的性非常强，天涯海角你都要直奔那家电影院。

但很多女孩子在进商场之前，其实根本不知道要买什么，但在商场闲逛的过程中，创意性、突发性、冲动性地买了很多东西，这叫作“非目的消费”。所以，商场会把这种“非目的消费”放在你必经的路上，以诱惑你冲动消费。当你看完电影或吃完饭下楼的时候，就可能看到一款非常好看的衣服，酒足饭饱心情好，于是你就买了下来。

商家还常常把男装放在高楼层，因为男装属于低频次、标准化产品，这样做当然别有用意。当女孩子陪男朋友在顶楼买完衣服后，提着大包小包穿行在寻找下楼扶梯的路上，忽然发现自己心仪已久的衣服品牌，如果这个时候提出要购买，男朋友此刻怎么好意思拒绝呢?

不得不说，世界上最远的路，就是商场下楼的套路，千金散尽，可能还未走到门口。

2．优惠券的经济学

对肯德基、麦当劳熟悉的人都知道，这两家餐厅向来只会发优惠价，而很少直接对食品打折，很多人对此非常不解。肯德基这么费劲地到处发优惠券，为何不直接在店里打折，岂不是更加方便和直接！实际上，这里面有着非常有趣的经济学问题：价格歧视。

每年“双 11”也是同样的套路，大家会看到五花八门的各种优惠券、神券、膨胀券让人眼花缭乱。从经济学角度看，每个人做每件事都有成本，在领取优惠券这件事情上，商家巧妙地用优惠券的发放，正大光明地采用了“价格歧视”。

“价格歧视”，又称价格差别，指厂商在“同一时期对同一产品采用不同价格”的行为。价格歧视可以是“对不同顾客采取不同价格”，也可以是“对同一个顾客的不同购买数量收取不同价格”。

比如，同样是一个汉堡，A 顾客付了 16 元，B 顾客用了优惠券实际支付 12 元。肯德基把同一商品卖了不同的价格，这就是对 A 顾客的“价格歧视”。

有的人愿意花时间去收集优惠券，而有些人本身并不在乎这点价格差异，就不会太在意优惠券。这样，商家既能对不在乎优惠券、经济条件好的人群卖出一个高价格，又可以用优惠券对一些价格敏感的人群形成促销效应。

因此，肯德基可以对一部分人卖较高的原价，这比直接降价好多了。因为直接降价，就无法高价卖给那些对价格不在乎的人，相当于少赚了钱。

优惠券确实是一个天才的发明，让店家做到了“贫富通吃”。再加上大数据分析，可以快速找到哪些人爱用优惠券，哪些人不在乎这点价格差异。

这样，优惠券不但能帮助销量增长，收集的大数据还可以用于产品促销、定价等方面的参考，这有助于商家制定更为精确的产品、销售策略。

3．试用的陷阱

我们处处都可以看到试用产品的现象，看起来福利满满的产品试用，实则包含着一定的经济学知识。

其中最重要的一个就是“禀赋效应”，指一旦人们拥有某件物品，相对于未拥有之前，会有更高的估值。也就是常说的敝帚自珍。

免费试用一件产品，就是给用户造成一种“你已经拥有该物品”的假象。一旦拥有这件物品，你用着用着，就发现可能形成了一些习惯和依赖，这个时候再被人拿走，你会产生“损失”的失落心情。商家正是利用这个心理学著名的“损失厌恶”效应，让你用了就会买。

因为，人对“损失”的感受会比“得到”的感受强烈得多，很多商家都开始了免费试用、七天无理由退款等方式，让消费者消除入门风险，最后达到扩大购买力之目的。

很多净水器公司，都承诺可以试用一个月，一个月后不满意可以随时退还净水器，这就是利用禀赋效应。我们知道，一旦习惯了纯净水做饭做菜，再给你拿走这个净水器，你感受到的损失会很强烈，甚至还会觉得现在的自来水忽然就有了味道，水质比以前没有买净水器的时候还要糟糕。于是，大多数人试用后就再也不愿意退掉了。

即使你家的自来水质量还是那样，并没有变得更差，只是你的心理在变化。

比如京东等电商的“7天不满意包退”服务，购买时你会感觉几乎没有风险，反正不合适就退货呗。但是，随着你对产品的体验，它在你心里的价值就会不断累积增加，除非这个产品特别糟糕，否则让你退货时，你产生的损失和失落感将远大于产品的价格，你就会倾向留下来。

很多在线视频网站也经常用这样的方式促销，比如腾讯、爱奇艺等网站，都有会员试用服务，通过一两天免费试用，你可以体验没有广告、高清、第一时间观看最新剧等特权。

但是，一旦试用到期，你就失去这些曾经拥有过的特权，这些损失会给你带来更大的失落感。但此时你不会去想“试用两天，我都白赚了”，而是满脑子都是“现在没有这些特权，好不方便”，甚至连弹出的广告都比以前刺眼了。

于是，你终于熬不住，续费成了正式会员，付费成功的那一瞬间，双方都得到了满足。你终于心想事成，商家在背后也露出了会心的微笑。

4．免费是天下最贵的东西

“天下没有免费的午餐”是1976年诺贝尔经济学奖获得者弗里德曼常说的一句话；俄罗斯谚语说：“免费的奶酪只存在于捕鼠器上”；中国俗语更加直白：“无事献殷勤，非奸即盗”。

“免费策略”是互联网行业的重要手段，无数的互联网公司用免费策略，成功聚集了初期的流量。

在互联网初期，为了吸引客户流量，很多企业都推出了免费服务，如雅虎、网易、新浪、谷歌等企业推出免费邮箱，一些互联网企业的免费邮箱现在依然还在提供服务。

如今的社交软件排名第一的腾讯公司，也是以 QQ 免费聊天软件开始。这些免费服务累计了一大批的初期粉丝，为后来游戏、支付等赚钱的业务积累了大批客户。

而在 2007 年，一个曾经差点成为社交软件霸主的企业，却因为对开放、免费模式的认识不足，最后不得不甘拜下风，只能眼睁睁看着后来者微信称霸江湖。

它就是曾经大名鼎鼎的“飞信”。中国移动早在 2007 年就推出的产品，这其实比微信早了将近三年半，如果现在仔细对比一下微信和飞信，会发现它们的理念几乎是一致的。如果你再仔细对比，甚至图标都高度类似。

中国移动在 2007 年正处于巅峰时期，比微信提前四年进行移动社交软件布局。而且，当时中国移动掌握着中国 70% 的手机高端用户，可以说占尽了天时、地利、人和，但在“飞信”推广时却犯了两个致命的错误。

首先，“飞信”把自己封闭起来，在软件推出初期，为了避免联通、电信用户坐享其成使用自己的产品，飞信规定不能与联通、电信用户互通，这种封闭式做法显然与互联网的开放精神背道而驰。

而飞信最大的错误则是对“免费模式”的理解。飞信禁止了在技术上早就能实现的功能，如飞信无法免费发图片，因为移动担心影响彩信业务；飞信无法免费语音，因为移动担心影响语音电话业务；飞信无法免费发视频，因为担心影响视频电话业务。

中国移动的如意算盘是，在不伤害自己业务的情况下，以“飞信”拉开与竞争对手联通、电信的距离。但是，一切都没有朝着中国移动想象的方向发展，仅仅过了三年半，腾讯的微信便异军突起，以“免费”一夜之间将移动精心构筑的防火墙击得粉碎。

年轻的腾讯深谙“免费模式”的好处，免费 QQ 带来的增长模式让它对此更有信心，微信继续使用免费的模式，再一次逼退了早他三年多的飞信。如今，微信的用户已到达 10 多亿，而飞信不得不选择黯然退场。

此外，还有一些把“免费模式”玩得炉火纯青的企业，那就是大家并不陌生的打车软件运营商“滴滴”和“快滴”两家公司，曾经为此展开了白热化的免费补贴大战。

2014 年 1 月，腾讯以 1 亿美元入股滴滴，滴滴开始大面积发送打车红包，一度达到用户几乎可以免费打车的地步，而快滴打车也不甘示弱紧紧跟上。

这种免费补贴大战最后以两家合并而告终，而人们早已在一轮轮“免费模式”中形成了手机打车的习惯。合并后的滴滴继续用补贴熬死其他对手后，于 2019 年 7 月宣布涨价，在很多区域已经超过出租车的价格。

如今，一家独大的滴滴放眼望去再无对手，现在正用涨价的方式回应市场，一点点回收当年因为免费付出的成本。当年占尽便宜的顾客，如今不得不吐出占去的便宜。这也应了那句歌词“拿了我的给我送回来，吃了我的给我吐出来”。

所以，一切皆有价，即使免费的东西，可能深藏着更深的经济学意义，因为免费可能是世界上最昂贵的东西。

5. 维多利亚的秘密

每年，全球时尚界都会聚集“维多利亚的秘密”年度大秀，除了重量级的大秀，该品牌每年还会推出一件“天价内衣”，这件内衣通常被标价几百万美元，最高的一年标价达1250万美元。

这些天价内衣通常镶满钻石珠宝，最多时镶有2100颗钻石，而且穿这件内衣的模特也成为当年焦点人物。这些姑娘被称为“维密天使”，穿上天价内衣走上维密年度秀，成为无数模特一生追求的梦想。

但是，天价内衣每年只有一件，公司看起来并没有打算批量生产和销售，为什么每年还如此费尽心思、极尽奢华地设计和展示呢？

经济学上有个术语叫“锚定效应”，意思就是指当人们需要对某个事件做出评估时，会下意识地将自己心中的一个参照物带入比较。“维多利亚的秘密”之所以要推出这么贵的内衣，就是在人为地制造一个参照物，锚定你对他们家内衣的定价。

当看到百万级的“天价内衣”后，消费者头脑里就会被植入“维密都是高档内衣”的念头。这个时候，如果一位男士在商场的“维多利亚的秘密”专柜前，发现这家店的大多数内衣价格居然只有一两千块钱，就会觉得这些内衣特别物超所值，因为他认为这个世界顶级品牌内衣价格应该更贵，目前居然只要一两千元人民币就能买到，如果把这个作为送给女朋友的礼品，简直是太值了。

回家以后，同样出于锚定效应，他女朋友也觉得收到了一件与“千万美元内衣”同一品牌的礼物。天价钻石内衣就是这家公司的“锚”。这种锚定效应可以造成较大的品牌溢价，让消费者感到物超所值。

大家还记得前面讲过的星巴克吗？店里经常摆放着“依云”矿泉水，虽然很少能卖出去，但这就是星巴克的“锚”，意在告诉你，星巴克的咖啡其实很便宜。

“锚定效应”存在于很多地方。如果你上网站购买机票，你会发现每个航班都有一个代理商标出全价机票，其实网站非常清楚消费者肯定会选择打折机票，但网站依然坚持把全价展示在那里，其实就是充当“锚”的作用，以此显示打折的机票特别合算。

这样的展示方式可以促进客户快速下单。事实上很多这样的高报价都是虚拟的，也就是说这家代理商可能并不存在，为了让你快速下单，网站虚构一家“天天卖全票”的代理商，其目的就是让你觉得其他价格比较优惠，然后尽快下决定付款。

生活处处皆学问，也有无处不在的经济学现象，它们在直接或间接地影响着我们的生活。如果细心观察和思考的话，你也能很快洞察事物背后隐藏的“秘密逻辑”。

小白经济学

第四部分
金融的力量

人类唯一能从历史中得到的教训，
就是人类从来都不会从历史中吸取教训。
——黑格尔

第十三章

一朵花毁掉的帝国

1．园丁埋下的祸根

被誉为“海上马车夫”的荷兰，曾经是世界上最先崛起的海上帝国。他们以海上贸易起家，可谓开局一条船、赚钱全靠浪。

他们创建了世界上第一个股份制公司，开启了第一个证券交易所，一百多年来一路开挂、所向披靡。要是荷兰这么一直发展下去，很快就要上天了，可能上帝有点看不下去了，决定给荷兰踩个刹车。

于是，他特意为这个国家安排了一次狂欢盛宴，这场盛宴开始于一座有名的城市——君士坦丁堡。

君士坦丁堡在欧洲有着非同寻常的地位。公元395年，罗马帝国的最后一位皇帝狄奥多西一世光荣地挂掉了。在死之前，他感觉自己的两个儿子一定会为帝位争得死去活来，为了避免这种兄弟相残的事情发生，他拼着最后一口元气，突发奇想地把帝国掰成两半，分别称为西罗马、东罗马，然后平分给两个儿子，这也算是历史上少见的奇葩方案。

按照这个皇帝的划分，以波黑为界，波黑以西为西罗马，首都还是罗马；波黑以东为东罗马，首都是君士坦丁堡，西罗马 80 年后就灭亡了，而东罗马帝国却有点坚强，前后绵延近千年。

最后，东罗马被奥斯曼帝国灭掉，首都君士坦丁堡陷落，成为奥斯曼帝国的一个城市。就在君士坦丁堡陷落一百多年后，一个世纪经济大泡沫开始在这里酝酿。

1554 年一个春意盎然的下午，奥地利驻君士坦丁堡大使去拜访一位贵族朋友，用完午餐后，他们信步来到奥斯曼帝国的宫廷花园赏花。这里百花齐放、美不胜收，大使在花丛中无意发现一种他之前从未见过的花，这种花颜色鲜艳、美丽至极。

大使顿时被这些花震惊了，询问朋友之后，才知道这花名叫“郁金香”。临走之时，他还不忘从朋友那里求得了郁金香种子，并小心翼翼地带回首都维也纳。谁也不曾想到，正是他带回欧洲的这批种子，犹如打开一个潘多拉魔盒，一场灾难即将降临。

大使回到维也纳以后，找到了他的好朋友克卢修斯。克卢修斯是一位知名的植物学家，同时也在维也纳皇家花园兼职当园丁，两人开始计划在维也纳培植郁金香。他们希望在维也纳重现君士坦丁堡的郁金香花海。

最后，经过这位皇家园丁大叔的悉心栽培，郁金香种子顺利发芽，不久以后，果然开出了期望中那般美丽的花。

2．教授的推波助澜

郁金香在维也纳的落地生根似乎也没有带来什么麻烦，在克卢修斯的精心培育下，郁金香在维也纳安静地开放，除了赢得一些朋友观赏时候的赞美，郁金香此刻也只是一朵安静的花。

1593 年，克卢修斯受聘担任荷兰的莱顿大学植物园主管。在出发去荷兰之际，这个不安分的园丁特意打包携带了一些郁金香的茎块，后来的事实证明，就是这个小动作坑死了荷兰。

历史往往是那些并不起眼的人物在不经意间推动的。克卢修斯到达荷兰后，小心翼翼地种下自己带来的郁金香茎块，他也期待在荷兰成功种植这种娇艳欲滴的花。

第二年春天，首次登陆荷兰的郁金香已经开出了花朵，美丽的郁金香色彩鲜艳、优雅华贵，立刻引起了荷兰人的关注。为什么在维也纳没有人关注的郁金香，到了荷兰却地位上升了呢？这源于荷兰发达的商业，其社会财富已经领先全世界。

前面讲过，依靠强大的海上贸易体系起家的荷兰此时可谓国富民强、土豪成堆。荷兰国内的社会主要矛盾，是日益增加的财富与精神愈加空虚之间的矛盾，他们需要多个角度寻找自己的精神出口。

荷兰人不像前面讲到的希腊富二代那样，精神空虚了就开始学哲学。荷兰人明显就肤浅多了，有了钱之后就想尽各种办法在自己的外表上下功夫。

这些缺乏内涵的荷兰人，衣、食、住、行都要买最贵的，最好都是限量版的，最好是可以自己拥有但别人没有的物件，才能彰显身份地位的独一无二。

当时的荷兰商业贸易发达，有钱人很少能找到自己有别人无的物品。这时候，刚刚登陆荷兰的郁金香让荷兰贵族眼前一亮，因为刚刚安家的郁金香数量极少，只有圈里极少数的贵族才能得到。于是，正好应景，郁金香不就是一个可以用来炫耀贵族地位的“限量版”物件吗?

于是，这些王公贵族都非常愿意为稀有的郁金香花买单。在一些大型宴会、社交场合，他们常会在胸前别上一小朵郁金香，既雅致又高贵，而且这很快在荷兰变成了一种潮流和时尚。

看到教授克卢修斯带来的郁金香数量不多，那些权贵就开始专门派人去国外海淘郁金香。郁金香的发源地君士坦丁堡一下子就热闹起来。这些拿着钱的贵族，开始出现在各个花店排队购买郁金香，而且根本不问价格。

君士坦丁堡的人有点意外，没想到家里的一盆花可以卖这么多钱，于是就开始不断加价，但依然挡不住荷兰贵族的热情。咱们也别笑话他们，其实这跟现在出国排队购买高档化妆品、LV 包包的行为没有本质区别。

一时间，荷兰贵族中开始进一步扩大郁金香花的流行趋势，甚至一度到了没有几株名贵郁金香花都没办法混上流社会的地步。根据经济学供求原理，如果此时郁金香供不应求，价格当然是水涨船高。

特别是那些新品种、稀有品种郁金香，不但价格奇高，而且还一花难求，很多时候不得不找关系、递红包才能买得到。郁金香成了荷兰社会名流身份和财富地位的标配，那可真是“心里的花，我要带它回家”。

郁金香被移植到荷兰不久，便染上了一种病毒，叫“花叶病”，得病后的郁金香花瓣上就会长出各种奇奇怪怪的图案，有点像人得皮肤病后脸上长的癣。

结果，这些荷兰贵族不但没有嫌弃，反而因为这些图案不规则，更具独特性，更能彰显自己的花与众不同，所以对这种得了病的花更加喜爱。

于是，荷兰贵族依照花瓣上不同的花纹分成不同的品类，而且根据花纹的稀有程度，确定不同的价格，花纹样式越奇特的价格越贵。原本就价格不菲的郁金香有了病毒花纹后，再次因为花纹的稀有程度分成更珍贵的等级。

中国很多文人雅士，也有这种畸形审美的毛病，他们喜欢造型奇特的盆栽梅花。为了投其所好，那些培育梅花的园丁就在培育过程中强行弯折成不同的样式，当时俗称“病梅”。清代著名的文学家龚自珍曾经写了一篇文章《病梅馆记》，大力批判那些文人雅士畸形、病态的审美观。

3．疯狂的投机者

虽然“花叶病”导致的畸形审美越来越流行，但也没有造成严重后果。它只是土豪贵族、小资男女圈里一个炫耀的小物件而已，没有对整个社会大众的生活造成什么影响。

1634年，也就是那个园丁把郁金香带到荷兰的第四十年，郁金香开始成为社会大众非常流行的一种装饰品，不再是贵族的专利，越来越多的社会大众选择佩戴、收藏、种植郁金香。

这时，一些商人从这个流行趋势中看到了商机，有人开始计划从这个流行趋势中大捞一笔。在商业领域，如果一个行业被资本嗅出了利润的味道，那么，接下来这个产业就会变成一场金钱的游戏。

于是，这些资本集团开始迅速行动。他们先大量买入郁金香囤积起来，然后花钱在荷兰的报纸媒体上鼓吹，不断扩散郁金香可以发家致富的消息。

宣传的方法很多，其中最有效的当然就是树立一个虚拟的案例，告诉公众某人依靠买卖郁金香实现了财富自由。当然，这样的欺骗手段今天在传销案例中依然在继续。

1636年，郁金香热度开始飙升，郁金香从一个佩戴的流行饰品，逐渐演变成为一项投资理财的方式。而且，越来越多的人开始参与到郁金香的投资交易中来。他们都希望通过郁金香投资来实现自己发家致富的梦想。

渐渐地，荷兰全国都掀起了一股狂热的郁金香投资热，报纸媒体上不断刊登相关消息。今天那个谁又买到了一个新品种，明天那个谁又卖出了天价，大街上人们议论的几乎都是关于郁金香的话题。

几乎同时，这种疯狂也慢慢地从荷兰蔓延到欧洲各个国家，各国投机商纷纷涌到荷兰，加入这一投机狂欢的金钱游戏。郁金香的价格不断被抬高，一度还出现一株品相较好的郁金香花比相同重量的黄金还贵的现象。

不久之后，郁金香开始出现在荷兰全国各地的商品交易所里，而且国家报纸也开始进行每天价格播报，居然还推出了专家点评郁金香投资策略的专栏。如果脑补一下当时报纸的郁金香专栏，应该是这样的：

> 来看下趋势图，25号郁金香的价格未来还有很大潜力。
>
> 32号郁金香血统高贵，只有一种，未来一定会暴涨。
>
> 109号郁金香有独一无二的豹纹，性感、惊艳、值得收藏。

此刻，郁金香的价格已经非常昂贵，但荷兰人不但没有望而却步，反而紧紧跟上。“买涨不买跌”似乎对人们始终有效，价格上涨反而让郁金香供不应求。

据说在当时，如果谁家出售名贵、稀有的郁金香品类，无数的荷兰人都会连夜排队去现场拍卖，甚至不得不找警察维持治安。国内经常抢商品房的大妈们应该对这个场景特别熟悉。

荷兰这么热闹，隔壁的德国、英国等富豪怎么可能任由荷兰人吃独食呢？他们也不甘落后，开始组成土豪团来荷兰扫货，大量买进那些名贵品种，以期望未来获得暴利。

1635 年，一些稀有的郁金香在市场的单株价格高达 1 万英镑，当时的一万英镑大致相当于今天的 2200 多万英镑，约合人民币 2 亿元。你没看错，这就是一株郁金香巅峰时期的价格。

不久后，郁金香几乎成为荷兰的硬通货，一度相当于荷兰国内的货币，几乎所有的东西都可以用郁金香直接交易。比如一幢别墅标价是 2 株某款的郁金香；一株稍微中档的郁金香等于 10 吨小麦、10 吨黑麦之和；即使一株品种非常普通的郁金香，也可以在市场上买到 50 头品质很好的绵羊。

虽然买卖郁金香在荷兰已经非常普遍，但依然还有一些民众手里没钱。看到这些有钱土豪的游戏，他们也有些手痒痒，怎么办呢？金融非常发达的荷兰也考虑到了这一点，帮这些穷人想到了参与的办法。

1636 年，荷兰阿姆斯特丹股票交易所宣布，开设郁金香期权合同交易业务。通俗一点说就是：借钱给你炒郁金香。

这跟今天证券市场的“股票配资”相同，借给你一部分钱让你利用“杠杆”炒股，你可以用 1 万元的钱参与 10 万块钱的买卖，看起来是以小博大，但结局大都是债台高筑。

假设你有 1 万元，但是你嫌弃钱太少，玩不开心，那么就借给你 9 万元，你瞬间就有了 10 万元来购买郁金香。

但是，一旦郁金香价格下降 10%，也就是说你已经亏掉自己的那 1 万元。这时候，你要么再补 1 万现金进来，要么交易所强行卖出你的郁金香，以保证他们那 90% 的部分不会亏损。

这种杠杆非常厉害，杠杆比例越高，你的钱就越可能一瞬间被跌光。

4．无知无畏的水手

1637 年，郁金香狂欢盛宴到达顶点，市场上出现一种叫作“Switser”的爆款郁金香，其球茎价格在一个月里就上涨了 485%。这一年，全体郁金香平均涨幅高达 5900% 左右，也就是平均上涨了 60 倍。

连续三年只涨不跌的神话，让所有人都相信郁金香会让自己实现财富自由，所有人都做着一个狂热的发财梦，这像不像 2015 年的 A 股市场？

这个时候，一个小人物悄然登场，犹如那个当时将郁金香带到荷兰的园丁一样，谁也没有注意到这个年轻人。

这是一个从外国来到荷兰的年轻小伙子，和许多生存困难的人一样，他在荷兰的一艘商船上当水手谋生。他既不怎么识字，在当地也没有什么朋友，常年孤独地在海上漂泊，所以，他对郁金香也几乎是一无所知的。

年轻水手的荷尔蒙不断在体内翻腾，无聊的海上航程枯燥而漫长，在某次商船靠岸后，身心疲惫的他急需休息和放松。他计划吃饭后去城里的酒吧狂欢一番，毕竟这一趟实在太辛苦了。

下船之前，他准备在船上薅点羊毛，丰富自己的晚餐，虽然有个熟悉的饭店的妹子经常给自己做好吃的，不过偶尔也得自己带点食材。于是，他从船上顺手拿走了一些海鲜、鱼子酱、生菜、洋葱等物品，叫餐馆的小迷妹做顿美食犒劳自己。

但他顺手拿走的这个洋葱，其实并不是真正的洋葱，而是一株名为“永远的奥古斯都”的郁金香球茎，这可是船长花了 3000 金币买来的资产，虽然不是什么顶级郁金香，但也花掉了船长的全部积蓄。

直到下午，船长才发现自己的郁金香不见了，丢了全部家产的船长大为惊慌，发动所有水手去寻找这个“偷盗者”，找了一个下午，最后终于在一家餐厅里找到了那位水手。

现场让所有人目瞪口呆。只见那位水手一边悠闲地喝着小酒，一边正把船长的郁金香球茎沾着鱼子酱吃，看起来貌似味道还不错。船长暴跳如雷，年轻水手一脸蒙：“船长你不能大气一点吗，我就拿了一点儿菜，至于这么激动吗？船长你到底怎么啦，船长你怎么哭了？”

船长的家产被水手当作了下酒菜，这怎么得了。船长随即将他告上法庭，法官判决时觉得非常为难，一方面觉得船长损失很大，但又觉得这水手并非故意而为之，不知者无罪，况且水手又没有赔偿能力。

这时候，一家荷兰报纸报道了这则新闻，这则看似不经意的新闻却犹如一枚炸弹，炸醒了那些沉醉在发财梦中的荷兰人。他们开始反思，一盘下酒菜，真的有那么大的价值吗？

于是，一部分聪明人觉得这可能是泡沫，还是走为上策，于是开始降价卖出囤积的郁金香，一些人看到邻居在抛售郁金香，也跟着出售自己的存货。

1637年2月4日，越来越多的人开始低价抛售手里的郁金香，市场就是这样，买的时候跟风，卖的时候也会跟风。

于是，荷兰的郁金香市场开始出现降价抛售的恐慌情绪，郁金香开始成了无人敢接手的不良资产，价格出现断崖式下跌。

为了稳定局势，荷兰政府出面多次发表声明，呼吁民众不要抛售郁金香，并保证郁金香价格还会回到正常状态。但此时已无力回天，郁金香价格在几周内从上万英镑跌到一文不值，大街小巷的地上、河道里全是被丢弃的郁金香。

5. 倾家荡产的民众

有趣的是，荷兰人并没有反思自己疯狂的投资行为，反而开始追杀那名水手，认为正是因为他吃了那株郁金香，事情才会到这个地步。

还有些市民在政府门前静坐示威，要求政府将郁金香的价格恢复到以前的水平。相信大家也不陌生，这和新闻中出现的某些地方楼盘下降后，业主围攻售楼部，要求开发商退款、恢复原价的场景如出一辙。

政府当然不能答应，但民众还是不死心，接下来又把希望寄托于法院。很多郁金香收购商已经与民众签订了高价购买郁金香的合同，但现在，商人全部拒绝履行购买合约，人们请求法院督促商人遵守合同，继续按照当初约定的高价收购郁金香。

结果仍然令他们失望，阿姆斯特丹的主教代表至高无上的上帝正式宣布：郁金香的投机是一场赌博游戏，事到如今，任何人都可以拒绝履行任何合约。

荷兰人的财富在一夜之间化为泡影。很多当初的富人变成了乞丐，无数人家破人亡跳楼自杀，大街上到处是无家可归的人，那些曾经富可敌国的贵族家庭，开始被破产清算。

这场泡沫对国家的影响远不止财富亏损这么简单，荷兰的金融信誉、商业信誉遭到毁灭性打击。其后，金融重建、商业恢复，差不多花费了荷兰近百年的时间。

更重要的是，由于买卖郁金香赚钱太容易，在此期间几乎所有的荷兰人都热衷买卖郁金香交易，其他行业基本都处于荒废状态，工业、农业不但没有进步，反而倒退了几十年。

在大航海时代，荷兰的工业制造能力非常强大，尤其是武器、瓷器、造船业极具竞争力。资料记载，法国路易十四跟荷兰人打仗，用的居然是友好时期从荷兰买来的武器，可见荷兰的工业非常有基础。

自从有了股票、郁金香等金融产品，荷兰人懒得再去研究工业和技术了，相比起来，实业赚钱太慢太辛苦，荷兰全民玩金融、炒股票、融资、出借高利贷，因为这样的生活看起来更加舒适。荷兰人完全荒废了自己曾经最为擅长的造船业，以至于在半个世纪时间里没造一艘像样的战船。

1780 年，第四次“英荷战争”爆发，英国在工业革命的浪潮中进步神速，工业制造前所未有地发达。而荷兰服役的军舰还是

50 年前的老古董，曾经与英国旗鼓相当的荷兰，此刻已经毫无招架之力。

1789 年，法国大革命爆发，拿破仑带着军队攻打荷兰，荷兰国王紧急召唤军队，但军队基本处于解散状态，最后仅仅集结了 1 万人，面对拿破仑的几十万大军，不得不投降认输。

投降就赔钱。据说拿破仑此后从西欧一路打到东欧，用的几乎都是荷兰人的钱。荷兰沦为拿破仑的取款机，整个荷兰的财富最后被拿破仑彻底掏空，辛辛苦苦几百年，一夜回到解放前。

最后，荷兰不得不成为世界上第一个放弃军队的国家。在第二次世界大战期间，荷兰也是第一批被德国占领的国家，受尽了德国的蹂躏。

这就是历史上大名鼎鼎的“郁金香”泡沫，也是人类历史上第一次经济泡沫。这是一次前所未有的泡沫，让无数民众见证了金融的强大力量，这力量既可以让一个名不见经传的小国崛起，也可以让一个强大的帝国衰落。

多年后，当荷兰人再次谈起自己的历史，也许会再次回忆几百年前驰骋海上的辉煌，那株别在胸前妩媚的鲜花，映照着阿姆斯特丹落日的余晖，也紧贴着海上马车夫英雄迟暮的心脏。

第十四章

金融天才的骗局

1．不爱洗澡的皇帝

1719 年，在“郁金香泡沫”爆发 80 年之后，世界级的泡沫再度卷土而来。这一次，英、法两个大国几乎同时发生金融泡沫，场面之壮观前所未有。

先来看看法国的情况。此前法国执政的国王是路易十四，这是一个极具传奇色彩的皇帝，他在位 72 年之久，熬死了无数个邻国国王，曾多次派遣大使到中国拜见康熙皇帝。

而且，他可能是有史以来最有特点的国王，整天在宫里穿裙子，COSPLAY 小萝莉。据说他还特别喜欢跳舞、演舞台剧，由于在舞台剧里最喜欢担任的角色就是太阳神阿波罗，所以被人们称为“太阳王路易十四”。

路易十四一生酷爱时尚，对自己 154cm 的身高非常不满意，于是他召集了许多著名鞋匠一起来想办法。最后他灵光一现，命工人在自己的鞋跟处垫上厚跟以增加身高，由此发明了现在造福千万女性的高跟鞋。

说来还有点羞羞的。这个爱美、会跳舞、穿高跟鞋的皇帝，居然不爱洗澡，据说他一生只洗了两次澡，他的王后多次吐槽他身上臭气熏天，看起来做王后也真是不容易。

但是，不洗澡并不妨碍他成为一个战争狂。他一生穷兵黩武四处打仗，在他执政期的72年间，法国发动了三次超级规模的大战争：遗产战争、法荷战争和大同盟战争。常年的战争导致法国国库空虚，加之法国宫廷奢侈无度，政府债台高筑，国家财政越来越趋于崩溃的边缘。

当时负债有多严重呢？在1718年，法国政府对外债务已经达到惊人的30亿里弗尔，而当时国家一年的财政收入只有1.45亿里弗尔。也就是说债务需要整个国家不吃不喝20年才能还清。

2. 为爱决斗的年轻人

此时，法国急需要一个可以解决巨大债务的金融方案，如果再拿不出一个合适方案，身负巨债的法国政府很快就可能玩不下去了。刚好在这个时候，上天安排了主角约翰 · 劳登场。

约翰 · 劳1671年出生于英国爱丁堡，自小就受到良好的贵族教育，他父亲继承了家族金匠和银行的庞大生意，积累起了巨额财富。

约翰 · 劳从14岁开始就在家族企业的会计事务所工作，在这期间，他积累了很多金融领域的经验，同时也深刻了解到英国银行业的利弊。

17岁时，约翰 · 劳的父亲去世，他继承了父亲的财产并搬去了伦敦。在这个繁华的名利场里，这个富二代彻底堕落了，他每天过着花天酒地、挥霍无度的生活，而且还热衷赌博，不久他便输掉了大部分家产。

23岁时，他因为看上了一名美貌倾城的女子，冲动之下与情敌威尔逊进行决斗，结果造成威尔逊先生当场毙命，他随即被逮捕投入监狱。

在等待法庭判决的漫长诉讼过程中，约翰 · 劳发现了牢房的漏洞，找到机会，在一个月黑风高之夜成功越狱，隐姓埋名一路坐船逃往荷兰，开始了在欧洲的流浪生活。

约翰 · 劳不但在逃亡中练就了一身白吃白喝的生存本领，而且不忘考察当地金融市场。深入研究欧洲的银行、保险行业后，边流浪边思考的他居然在1705年出版了一本名为《论货币和贸易——兼向国家供应货币的建议》的书。

他在书中论述道："如果一个国家就业形势不好，其实可以增加货币供应来解决。"也就是加印钞票。这其实就是现代经济学中的货币宽松政策理念，宏观经济学创立者凯恩斯的货币政策理论跟他基本一致，但他比凯恩斯早了160年。

不同于现在的纸币，当时的货币是由黄金、白银之类贵金属铸造的，如果要增加货币，势必需要大量的黄金、白银作为原材料。即使降低钱币中的黄金、白银含量，用其他金属代替，在当时冶炼技术不太发达的情况下，超发货币也是一件不太容易的事，因为其他金属的成本也不低。

所以，他提出不如干脆发行纸币，因为纸币的印刷成本会更低，其作为货币具有更大的灵活性。说白了就是纸张不值钱，国家想印多少就印多少。

一旦发货币不需要贵金属这样的高成本材料，那么只要政府高兴，想印多少钱都可以，这几乎没有什么成本。著名的经济学家熊彼特曾经高度赞扬"约翰 · 劳的这些金融理论使其在任何时候都可以跻身第一流货币理论家的行列之中"。

如果这些理论只是一个穷酸经济学家书中的个人言论，大家也就顺耳一听罢了，但事情就那么巧，约翰 · 劳在欧洲游历过程中结识了法国的奥尔良公爵（这个名字听起来好像肯德基的鸡翅），两人一见如故、把酒言欢、指点天下，很快就成为惺惺相惜的好朋友。

1715 年，路易十四逝世，由于他的继承人只有 7 岁，所以奥尔良公爵开始独掌大权，作为摄政王垂帘听政，整个王朝决定权都握在奥尔良公爵手里。

法国作为一个身负巨债的国家，奥尔良公爵上台后的第一件事就是解决债务问题。为解决钱不够的问题，"鸡翅"公爵就尝试调低了每块金币的含金量，这样，同样一吨的黄金原料，可以造更多的货币。

然后，他开始打击偷税漏税、惩治腐败，把贪腐和非法所得收缴国库，这勉强算是增加了一些国库收入。但这对国家巨大的债务缺口而言，只能算是杯水车薪，如果要彻底挽救国家的财政危机，还需要另想办法。

于是，在一个午后，“鸡翅”公爵忽然想到自己的好朋友约翰·劳，于是立刻令人邀请他进宫开会。这个流浪汉正愁晚饭去哪里乞讨，忽然就接到来自法国宫廷的召唤。幸福来得太突然，他想都没想立刻就赶往宫里面见公爵。

“鸡翅”公爵此刻已是大权在握，在豪华非凡的法国王宫接待了约翰·劳，经过两个人几天几夜的密谈，一个极具冒险的“拯救法国计划”正式开启。

3．启动秘密计划

1716年5月，奥尔良公爵发布公告，允许约翰·劳建立一个可以发行纸币的私人银行——通用银行，这名字一看就有点高大上。而且，法国政府还规定，通用银行发行的纸币可以在法国任意地方合法流通，相当于确定这个银行发行的货币就是国家法币的地位。

约翰·劳的通用银行相当于王家银行。在发行第一批纸币后，出现了非常奇怪的现象：这一批纸币的币值稳定，反而是市场上的金银货币莫名其妙地贬值了。

这看起来不太合理，因为就价值来说，货真价实的金银应该是更值钱的。为什么会出现这种情况呢？这一切都是法国政府在后面努力捣鬼的结果，因为奥尔良公爵发出另一份命令，所有税收必须用通用银行的纸钞缴纳，国家不再接受金银货币。

这样一来，大家都以为国家可能将要废除金银货币，因此一度纸币比黄金白银更受欢迎。国家之所以用如此极端的政策影响金银价格，目的是要让大家都认同纸币，为后续大量发行纸币铺平道路。

1718 年 12 月，经营两年半的通用银行正式被国有化，改名为“王家银行”，奥尔良公爵依然让约翰 · 劳担任王家银行负责人，两人开始密谋进行下一步计划。

随后，约翰 · 劳设立了一家私人公司——密西西比公司，“鸡翅”公爵授予这家公司各种贸易特许权，使得这家新成立的公司拥有密西西比河广阔流域、路易斯安那州的独家贸易权，可以随意在密西西比采矿、挖沙，总之是想干点儿啥都行。

而且，“鸡翅”公爵还宣布，法国民众可以用法国国债券兑换这家公司的股票，如果成为这家公司的股东，可以享受公司未来永久的巨大利润分成。

当时法国国债券价格一路下降，也就意味着，市场都预期法国可能无法还清这些债务，而密西西比公司的股票价格却在不断上涨。此刻用国债券来换取股票明显是一笔合算的买卖，不但可以少损失，还可以在未来获得暴利，这何乐而不为呢?

如此一来，政府用同样是一张纸的股票，换回了法国人民手中的国债券。大家知道，国债券是国家借款的凭证，相当于一张“借条”，到期后国家必须偿还借款。

而换成密西西比公司股票后情况就不一样了，公司是可以破产的，如果这家公司倒闭了，由于公司股票是股权，而股权是不用还钱的，因为“投资有风险”嘛！

于是，他们就这样聪明地把人民手里“必须还”的国债券，换成了“高风险可以不用还”的股票，而民众此时还浑然不觉，根本没有察觉自己手里的金融产品，从低风险产品变成了高风险产品。

1719 年 7 月，约翰 · 劳的密西西比公司花了 5000 万里弗尔，买下了法国王家造币厂的承包权。

当然，他手里其实没有这么多钱。为了筹集这 5000 万资金，密西西比公司发行了 5 万股股票向公众出售，每股面值 1000 里弗尔，刚好筹集到 5000 万，这是典型的空手套白狼的操作手法。

民众看到密西西比公司居然一下拥有了王家造币厂，自然觉得这个公司前景应该无限好，都来抢购密西西比公司发行的这 5 万股股票，于是，公司股票价格开始一路上涨。

很快，密西西比公司股价就从 1000 里弗尔上升到 1800 里弗尔，涨幅达到 80%。初尝甜头的人们继续疯狂抢购密西西比股票，因为大家都预感到未来这家公司的股票还会继续上涨。

4. 全民失控的疯狂

当时，法国的税收体制弊病比较严重，特别是农业税，因为层级太多，收税不但成本太高，而且经常在中间环节被揩油抽成，最终收缴到国库时已剩下不多。法国政府对此一直非常头疼。

1719 年 8 月，约翰 · 劳向政府建议，由密西西比公司承包法国的农业税，实行大包干，每年向政府固定上缴 5300 万里弗尔，多出来的部分归密西西比公司所有。如果收缴不够，由公司补足再上缴国家。

“鸡翅”公爵掐指一算，貌似很合算。因为目前每年全国的农业税收归国库的税款远低于 5300 万里弗尔，如果由密西西比公司进行大包干，不但省心省力，还能增加国库收入，这当然是求之不得的好事，便立刻答应了他的请求。

这跟很多大城市里的停车场收费类似，马路边的停车位其实都是包干制。也就是说，一些小公司承包几条街道的停车收费，然后每年向政府缴纳固定费用就可以，多余部分作为利润留下归公司所有。要不然，你就根本看不到马路边的收费员风雨无阻等着你。

效果还真是不错，在承包制度下，法国收税的成本不断降低，中间遗漏环节大大减少，税收总收入持续增加。最后，不但法国国家税收增加了，密西西比公司也获得了超额收益。

奥尔良公爵当然非常开心，不但多次在公开场合赞扬密西西比公司靠谱，还亲自帮公司站台拉业务，密西西比公司在法国的名声也逐渐达到巅峰。当然，股票价格是一路上涨没有停过。

不久后，约翰 · 劳的密西西比公司又获得了奥尔良公爵批准的特权，这次是继接收农业税之后，又接管了法国所有的税务征收权，这相当于把国家税务部门并到密西西比公司旗下。

此时，密西西比公司的股票价格已经突破了 3000 里弗尔，显然远远超过了当初的发行价格，相比初次的发行价格，密西西比公司股票已经上涨了 300%。

1719 年 9 月 12 日，见时机已经成熟，约翰 · 劳决定增加公司股票发行力度，宣布当天再增发 10 万股股票，每股面值 5000 里弗尔。虽然发行价格比上次上涨了 5 倍，但股票一上市还是被抢购一空。

看到如此好的投资机会，无数人高价抢购密西西比公司股票，这下彻底引发了全国的炒股热潮，整个国家的人似乎都在想办法购买密西西比公司的股票。

中国股市有 10% 的上涨限制，俗称"涨停"，每只股票当天最多只能上涨或下跌 10%，超过了就停止交易。这么做是为了预防风险，法国当时的股票可没有上涨限制。

据说，法国当时有很多人早上出门时还是个中产阶级，晚上回家就是超级富豪了，股票的上涨速度之快，超过了所有人的预料，以至于很多没有买到股票的人后悔不已。

在短短半年内，密西西比股票就上涨到 18000 里弗尔，这已经是首次发行价的 18 倍。于是，全国民众都放下了手里的其他工作，涌入股票交易所，甚至因为法国的股票交易所地方太小，最后不得不换更大的场所交易。

这时候，民众手里的国债券基本都换成了股票，王家银行也继续大量发行纸币，大家身边的固定资产、土地、收入都换成了纸币，然后又用纸币去换股票。

一夜之间，国家的国债券全部成功收回，也就意味着国家不再欠债了，全国人民手里只剩下密西西比公司的股票和越来越不值钱的纸币。

密西西比不断发行股票，不断拉高股票价格，王家银行就同步发行越多的钞票，民众手里的股票越来越多，家里的固定资产越来越少，市场上的金银货币也越来越少。

更巧妙的是，这一切的行为表面看起来是一个密西西比公司这样的私人公司行为，即使有一天这家公司倒闭了，国家也不用受到牵连，但真正的受益者却是国家。

不得不说，这的确是一个天才的计划。

5．多米诺骨牌效应

郁金香泡沫的破灭源于一次年轻水手的顺手牵羊事件，那个爱占小便宜的水手吃掉了船长的郁金香。同样，这次疯狂的泡沫破灭也源于一个偶然事件。

1720年初，法国王家贵族孔蒂亲王找到了约翰·劳，表示想开点后门，顺便发点儿财。

孔蒂亲王：小劳啊，我也想致富，我也想买密西西比股票。

约翰·劳：没问题，你还是咱王家银行大客户呢。

孔蒂亲王：咳，是这样，能不能打折卖给我，毕竟价格不低。

约翰·劳：呵呵。

孔蒂亲王：你呵呵是什么意思？

约翰·劳：不好意思，不打折，一分钱都不少。

孔蒂亲王：我好歹也是个贵族，能给点面子吗？

约翰·劳：有钱人怎么都这么抠门呢？民众买股票都不讲价。

孔蒂亲王：你给我等着……

约翰·劳：放马过来！

这个孔蒂亲王也是个倔脾气，小劳你不给面子是吧？我今天也就不当你的大客户了。于是，亲王一怒之下，命人用三辆马车拉着王家银行发行的纸币，到银行要求兑换金币。

这让约翰·劳觉得有点为难。不是银行没有金币，而是因为他不想开这个头，一旦开了这个不好的头，全国人民可能都会这么做，如果大家都来换成金币，那发行纸币的意义又何在呢？

于是，他就进宫去找奥尔良公爵商量，希望他出面说服孔蒂亲王不要胡闹。最后，虽然“鸡翅”公爵成功阻止了亲王兑换金币的行为，但亲王用纸币兑换硬币的消息也不胫而走。

很多人开始担心，因为相比于金银币，现在手里的纸币简直一文不值，是不是把纸币换成金银会更加保险呢？

此时，一些精明的股票投机者也知道股票不可能永远上涨，于是，就陆续开始有人卖掉股票，换成纸币，然后再到银行把纸币换成金币，并把金币运到国外安全的地方保存起来。

看到有人这么做，人们便纷纷开始效仿，这样不就是逆向操作了吗？如果一直这样下去，“鸡翅”公爵和约翰 · 劳的努力岂不是白费，国家岂不是很快又回到原点！

于是，法国政府开始出面干涉，并出台相关法律，规定每个人最多只能持有500里弗尔的金币，违者除了没收所有金币外，还要被处以数额巨大的罚款。

政府越是这么强制规定，人们越是担心股票的未来。股民信心开始下降，一些人开始降价卖出股票，越来越多的人开始着急抛售手里的股票，于是，密西西比股价出现大幅度下跌。

为了重新树立公众对密西西比公司股票的信心，政府使尽了浑身解数。为了让民众相信密西西比公司拥有很多实业，相信公司正在海外挖金矿，政府召集了很多巴黎流浪汉，让他们排成长队，肩上扛着镐和锹，大摇大摆地通过巴黎街头，到港口坐船前往美洲，造成密西西比公司在海外的金矿业务非常繁忙的假象。

当然，这些人并没有真正去密西西比地区去挖金矿。大船象征性地前进了几十公里，然后让流浪汉在另一个港口下船再度返回巴黎，几天后又一次组队大摇大摆通过街道，假装源源不断的人正在出发去挖金矿。

法国不易，全靠演技，但群众演员人数不够也会导致事情败露。在这样往返几次后，很多民众发现了其中的破绽，认出了这些排队上船的人，其实就是前几天已经出发的人。

这个消息很快就被走漏，于是股票的下跌趋势进一步加快，密西西比股价已经从最高时的18000里弗尔，暴跌到9000里弗尔，已经腰斩的股价让社会的恐慌进一步加速蔓延。

6. 泡沫的幻灭

为了应对突如其来的危机，奥尔良公爵紧急召见约翰 · 劳，希望他能够拿出切实可行的解决办法。但约翰 · 劳此刻也无力回天，无奈只能开启疯狂的印钞模式：

3 月 25 日，发行 3 亿纸币

4 月 5 日，发行 3.9 亿纸币

5 月 1 日，发行 4.38 亿纸币

前面讲过，如果政府大量发行货币，就一定会导致社会通货膨胀。当时，法国国内流通的纸币总量已经达到 26 亿里弗尔，而当时全国的金属货币加起来还不到 12 亿。

到了 1720 年 5 月，约翰 · 劳发现，即使大量印钱也解决不了问题了，公司的股价依然跌跌不休。于是，他发布了通告，告知股民将计划分七个阶段将股票从 9000 里弗尔降到 5000 里弗尔。

已经很难知道他当时的出发点是什么，这个通告显然不是一个好方案，如果想提升股民的信心，更好的方法是公司回购股票，如此宣布要有步骤地降价，这相当于告诉股民股价将来肯定下降。

果然，此通告一出，引发了民众更大的恐慌，如果从 9000 降到 5000，相当于目前的股票资产将要损失一半，为什么要被动地等到跌到5000呢？何不趁现在8000就卖掉。

于是，为了保住自己的资产少受损失，大家不约而同选择立刻开始抛售股票，而不是等到5000再卖。在此后不到4个月的时间里，密西西比股票价格暴跌到500里弗尔。

整个法国人的怒火被点燃，他们开始了大面积的游行示威，大喊揪出骗子约翰·劳，要求对他处以绞刑。惊恐的约翰·劳不得不趁着夜色逃往比利时。

为了平息民愤、稳定经济，奥尔良公爵不得不宣布废除纸币，一切又回到当初。当然，这个过程也有一个好处，因为此时法国的国债已经消失了。

也就是说，虽然约翰·劳的这个纸币计划失败了，但法国的国债危机却消除了，而为这个庞大国债买单的正是整个法国的民众。这一番神操作，法国政府成功地赖掉了向人民借的款。

从法国出逃九年之后，约翰·劳穷困潦倒地死在威尼斯，但法国人对他的愤怒依然没有平息。有法国人在他的墓碑上写下这样的文字："这里长眠着那个著名的苏格兰人，他的计算技巧无人匹敌，他用简单的代数规则，把法国人民变得一贫如洗。"

约翰·劳的失败极大地破坏了法国的经济。自此之后，法国人对银行谈之色变，诅咒"银行"这个词语长达一个世纪。

但约翰·劳的计划并非毫无可取之处。亚当·斯密就在《国富论》等著作中评论说，约翰·劳的计划绝不是卑鄙龌龊的计划，如果他能够见好就收，兴许还真能获得最终的成功。

虽然约翰·劳的大胆实践失败了，但他的经济理论却包含了很多合理因素。由于法国民众过于疯狂，加之不懂经济的摄政王急于求成，让约翰 · 劳失去节奏，最终导致局面失控。

在之后的历史中，约翰 · 劳的名字也没有被人们遗忘，他的理论至今还在被人使用，后来的“凯恩斯主义”可以说是约翰 · 劳的翻版。如今，各个国家也会通过增发货币、摆脱经济困局，解决失业问题，这些方案中，都能找到约翰 · 劳的影子。

历史上称这次经济泡沫叫“密西西比泡沫”，约翰 · 劳是这次泡沫的导演。他是一个伟大的经济学家，也是一个经济学的探索者。他的思维远超时代。他的失败并非是理论有问题，恰恰是理论太超前。

第十五章

王室战争引发的金钱游戏

1. 弱智国王惹的祸

17 世纪，曾经强大的“日不落帝国”西班牙，已经失去当年征服世界的气场，海上霸权已被英国取而代之，在陆地领域也被邻居法兰西帝国欺负得不成人样，整个国家经济一蹶不振，上下都弥漫着末日王朝的衰败之气。

1700 年，西班牙哈布斯堡王朝的卡洛斯二世去世。这哥们儿本身就是王族近亲通婚的畸形儿，不但智商有严重障碍、身体极度虚弱，而且还没有生育能力，死后家族再无继承人。这对一个皇族来说，简直就是致命的问题。

欧洲是一块很奇怪的土地，很多国家经常出现没有继承人的情况，不得不到其他国家“借国王”，找一些沾亲带故的亲戚来当国王。很多国家的国王都是外人，比如维多利亚女王其实是德国人。事实上，当时欧洲很多国家的国王都是德国人。

这一次，由于卡洛斯二世没有子嗣，西班牙王室不得不再次翻开通信录找亲戚，最后确定了英国、法国、奥地利的三个亲戚。当然，这几个国家都希望自己人能去西班牙当国王，因为这意味着以后西班牙就是自家后院。

于是，为了争夺这个国王名额，英国、法国、奥地利等国家争得面红耳赤。本着能动手就别吵吵的原则，这几个国家最后就打了起来。这次战争被后人称为“王室战争”。

打仗肯定得花钱，“王室战争”前后持续了十几年，大量军费支出导致国库极度空虚。英国为了这场战争不但花光了积蓄，还不得不借债度日，债台高筑的英国政府此刻已经对财政问题束手无策，于是他们被迫开始认真考虑如何赚钱还债。

此时，隔壁法国“密西西比公司大泡沫”正使全国人民疯狂，英国政府也有点熬不住了。因为国债券已经发了不少，未来想还账似乎比较困难，再不搞点钱来过冬，政府就得关门了。

为了彻底解决国家的债务危机，英国财务大臣罗伯特·哈利想出了一番和法国人一样的骚操作，那就是找一家公司合作，把民众手里的国债券换成这个公司的股票，把债券变成股权。

2. 如出一辙的游戏

犹如溺水的人抓住一根救命的稻草，英国政府很快就同意了财务大臣罗伯特·哈利的建议。如果这家公司发展得好，民众也可以享受一些好处，如果这家公司倒闭了，那么政府也没有责任，因为股权本是不用偿还的。

看出来了，为了解决国家的债务，法国政府和英国政府不约而同地选择了这个“股权换债权”的套路，这也算是政府公然要流氓的标准套路了，但不同的是，英国并没有选择大量印刷纸币。

于是，一家名为“南海”的公司进入他们的视线。所谓“南海”，是当时英国人对南美洲的称呼。这家公司早在王室战争期间就已经成立了，其创始人叫哈利，因为擅长搞政府关系，他跟英国政府部门的关系一直非常暧昧，曾多次和政府合作赚黑钱。

有了前面多次的合作基础，这次他们一拍即合，英国政府很快就和南海公司达成了协议，南海公司创始人哈利也拍着胸脯保证一定帮助政府解决这个债务问题。一个完美的坑民计划正悄然形成。

套路跟法国几乎相同，英国政府先给了这家公司很多特权，诸如特定出租车公司、银行经营权、南美洲贸易特许权、奴隶贸易权等。就这样，南海公司摇身一变成为政府加持、拥有各种权利的“特许公司”，逐渐从一家名不见经传的小公司，一跃成为大众眼里的明星企业。

南海公司在获得第一步特权后，也对英国政府投桃报李。不久之后，刚好英国政府再次向国民借款，在全国范围内发国债，于是他带头主动购买了总价值近 1000 万英镑的债券，以表示自己的忠心。这在当时是一笔惊人的数字。

看到小弟这么给力，政府也不含糊，继续给予南海公司巨大的权力回报。政府虽然没有真金白银，但是手里有无数的“特许权”，这对于南海公司来说，甚至比真金白银更有吸引力。

不久之后，英国政府再次宣布对南海公司经营的酒、醋、烟草等商品实行永久性退税政策，并给予其对南海地区(南美洲地区)的贸易垄断权。这算是一个超级大红包。

1719 年，终极套路终于开启，英国政府宣布允许国债券与南海公司股票进行转换，并鼓励公众用手里的国债券兑换股票，成为南海公司的股东，然后就可以分享南海公司以后巨大的经营利润。

也跟法国一样，民众借钱给国家，然后再把这些“借条”换成南海公司的股份，兑换完成后，收了一堆债券的南海公司其实变成了国家最大的债主。也就是说，政府最后是欠南海公司的债，而不再是欠民众的钱了。

面对拥有众多特权的南海公司，民众完全无法拒绝这家公司未来极具诱惑力的致富前景，而政府的鼓励进一步加速“债转股”的速度，股价也开始出现慢慢上涨。

1720 年，南海公司宣布，将承担英国政府今年全部 3.1 亿英镑的债务需求，以此来增加公司信誉。这次“为国扛债”的做法非常正能量，如同一支强心剂，让人们升级了对公司的信任，公司股价从 130 英镑迅速涨至 300 英镑。

当然，南海公司也在媒体上加强了攻势，开始密集报道南海公司的美好前景，为其冠上了“奴隶贸易特权”“政府特许”“财务大臣保证”“政府最信任的公司”等各种眼花缭乱的名头，目的无非为了抬高股价。

在人们眼里，南海公司成了英国最稳健、最具权势、最盈利的标杆公司，而如此有能量的企业，对当时手中拥有许多闲置资金的英国富人来说，正是“钱生钱”的最好投资平台。

这正好迎合了当时英国人有钱无处投资的焦虑。那些汹涌澎湃的一夜暴富梦在这些英国人大脑中不断翻腾，渴望致富的英国人民立刻行动起来，伦敦街头开始频繁出现市民排队抢购南海公司股票的场景。

有国家背景的南海公司，此后股价一路凯歌，公司多次增发新股票，新股票发行价不断创出新高，从开始的300英镑，提高到400英镑，然后再提高到800英镑，但人们依然是排着长队前来购买。

而且，为了吸引更多的新韭菜，以此推高股价，其购买股票的付款方式也是越来越宽松,甚至还推出了分期付的方式。很明显，这个行为意味着南海公司已经开始收割中低层人群。也就是说，风险越来越高了。

投资者趋之若鹜，这之中不但有普通的市民，还包括一些国会议员，甚至国王本人也没忍住诱惑，直接认购了价值10万英镑的南海股票。这些政府人员明知道这事没那么简单，但看到每天股票的数字在疯狂上涨，依然无法按捺住自己的致富欲望。

国王购买南海公司股票的消息被传开，更多的民众参与了进来，公司的股价开始加速狂飙，从年初每股130英镑迅速飙升到年中每股1000英镑，半年内涨幅高达700%。这样令人咋舌的上涨速度，让每一个参与其中的股民，都深信南海公司可以帮助自已实现财务自由。

南海公司股票还产生了巨大的行业示范效应，那些错过购买南海公司股票的人，开始把眼光投向其他公司。于是，英国一些其他公司的股票也开始出现上涨，一时间，整个英国的每家公司股票都成了投机对象。

此时，英国已经陷入一种狂躁的投机幻觉中，一旦有公司宣布将要发行新股票，人们就一拥而上购买，唯恐错过发财的机会。政要、军人、商人、家庭妇女，几乎全都丧失了理智。这些人根本不在乎这些公司的经营范围、盈利状况、发展前景，只要能买到就立刻付款。

3．悲情的结局

英国是经济学的发源地，这里可不全是疯子。一些理性的经济学家看到泡沫正在变大，也担心未来会威胁到国家经济安全，英国政府内部也开始出现分歧，国会觉得事情会失控。于是，他们开始制定预防泡沫的措施。

1720 年 6 月，为了制止各类“泡沫公司”的无限制膨胀，英国国会通过了《泡沫法案》，提醒人们注意风险。稍微有些冷静的民众猛然发现，原来国会并不太赞同这样的炒股模式。

法案颁布后不久，买股票的热潮开始有些降温，新进场的股民开始变少。由于失去持续进场的新韭菜，股票市场出现了下滑的态势，其中一些小公司股票出现大幅度下滑，公众开始清醒过来，对一些小公司的怀疑逐渐转移到南海公司身上。

1720 年 7 月 3 日，一些外国投资者首先嗅到了风险，他们开始大量抛售南海公司股票。跟今天不一样，当时的股民并不是用电脑买卖，而是拿着纸质股票去交易所柜台进行现场买卖。纸质股票有点类似于今天的饭票，因此，这种人山人海聚集抛售的行为非常明显，很快就引发了群体效应。

接着,英国国内一些聪明的投资者也开始抛售南海公司股票。如果大家都抛售一只股票,这只股票的价格一定会越来越低。于是,南海股价一路下跌，从每股 1000 英镑跌至 175 英镑。虽然此时民众开始出现慌乱情绪，但他们依然抱着一丝侥幸，祈祷着股价还会回到高价点。

三个月过去了，南海公司的股价不但没有回到高点，反而继续下跌。此时已经跌到了 124 英镑的历史最低点，差不多只有最高股价时的 10%，无数的人被坑得家产尽失。

事实上，南海公司本身并没有什么实际业务。这么多年，他们既没有去墨西哥挖掘黄金，也没有去南美洲开发新大陆，只是在英国本土不断地发售股票而已。

1720 年年底，南海公司宣布破产。英国政府在对南海公司进行破产清算后，发现这家公司此时只剩下一个空壳，实际资本已所剩无几，那些曾在 1000 英镑高价买进南海股票的人，只能绝望地看着自己的财富一夜之间消失殆尽。

南海公司倒闭了，而英国的国债也不用还了。这些债本来是政府应该还给民众的，此时民众手里只剩下南海公司的股票，而这个破产公司的股票，价值几乎为零。

英国政府和法国政府一样，利用“债转股”的方式，成功地化解了政府的债务危机，看起来是个聪明的策略，事实上这是一个愚蠢的办法。因为，这背后的代价是政府失去了民众的信任，这跟直接不还债的结果没有什么区别。

所幸的是，虽然英国“南海泡沫”和法国“密西西比泡沫”在时间上几乎重合，但由于英国政府并没有用发钞票的方式直接参与“南海泡沫”，只是间接和南海公司合作，没有发行纸币助推泡沫，所以造成的后果和影响小了很多。

而且，相比另外两次泡沫，“南海泡沫”事件持续时间比较短，从 1720 年 1 月开始到 9 月结束，前后只不过 8 个月左右，时间并不算很长，国家遭受的损失较小。

法国的“密西西比泡沫”事件则从1716年开始，到1721年破灭，前后持续了五年时间。在如此长的时间里，法国整个国家都深陷其中，遭受了不可估量的损失。

如此看来，这似乎是英国的幸运。

4. 一个特殊的受害者

在众多的南海公司泡沫事件受害者中，不得不提一个非常特殊的受害者。他的名气如雷贯耳，应该算是受害者中的明星级人物，他就是那个没有女朋友的牛顿同志。

“我能预测天体的运行，但是无法预测人类的疯狂”，当伟大的物理学家牛顿说出这句话的时候，他已经因为南海公司股票损失了2万英镑。别说这在当时是一个非常大的数目，即使现在，2万英镑也不是个小数目。

根据记载，当时一个英国非常富有的乡绅的年收入也只有5000英镑。当时2000英镑就可以让一家三口过上一年的小康日子。牛顿同志股票的损失，相当于一个三口之家在伦敦这样的一线大城市十年的花费。

牛顿发现了三大运动定律，还创立了"金本位"货币体系，但即使这样的金融专家级的人物，也没能躲开这个陷阱。可见，在巨大的诱惑面前，再聪明的人都有可能深陷其中。

一朝被蛇咬，十年怕井绳。在此后几十年里，英国民众对"股份公司""股票"这些词语闻之色变。英国当局甚至停止了股市，禁止企业公开交易股票。

有趣的是，虽然此后停止了股票交易，但英国的经济却开始加速发展。也就是说，即使禁止股票交易，也并没有让英国衰落，那么有人就会疑惑：经济发展真的需要股市吗？

这个阴影持续笼罩了英国资本市场将近100年，直到20世纪时，英国股票市场才重现活力，走出了"南海泡沫事件"的影响。

最后，用一首18世纪英国伟大的诗人蒲柏写给"南海泡沫事件"的诗，结束这个令无数英国人心伤的故事吧。

终于，腐败像汹涌的洪水
淹没一切。

贪婪徐徐卷来，
像阴霾的雾霭弥漫，遮蔽日光。
政客和民族斗士纷纷沉溺于股市，
贵族夫人和仆役领班一样分得红利，
法官当上了掮客，主教啃食起庶民，
君主为了几个便士玩弄手中的纸牌；
不列颠帝国从此陷入金钱的污秽之中。

正如英国经济学家凯恩斯所说：“股票市场是一场选美比赛，在那里，人们却愿意根据其他人的评判来评判参赛的姑娘。”也就是说，大家有可能是盲目从众的，这也说明，即使是在市场经济下的自由市场，每个人也并非是完全理性的。

也许每个人都觉得自己足够理性，事实上在股市中，人们的感性可能远远超过理性。所以，经济学家常常假设处于市场的人为“理性人”，我认为这是一个不理性的假设。

每一次金融泡沫都是一次人性的考验，人类与生俱来的贪婪和侥幸，注定会一次次出现泡沫。这些泡沫事件不是最后一次，在此后漫长的人类发展历程中，一定会无数次地上演。

因为，历史给人类最大的教训，就是“历史从来不会给人教训”。

第十六章

金融成就文艺复兴

1．美第奇家族的崛起

公元 784 年夏天的一个午后。

一个叫阿维拉多的骑士，骑着白马、手持巨剑和坚盾，他刚刚赢得了一场战争，现在正随着大部队缓慢地走在班师回朝的途中。

在路过一个村庄时，队伍停下稍作休息。就在休息期间，阿维拉多听村民说附近有一个巨人时常出没，烧杀抢掠无所不为。这还得了，骑士不就是为了惩恶扬善嘛，阿维拉多放下刚端起来的酒杯，翻身上马进山，对村民道："酒且斟下，某去便来。"

经过几天的搜寻，阿维拉多在靠近佛罗伦萨的一个河谷内找到了巨人。巨人面目狰狞、手持狼牙棒，阿维拉多毫无惧色，与他展开了一场恶斗。最后，阿维拉多成功杀死了巨人，为村民除去一大祸害。

当时在位的是统一整个欧洲的查理大帝。他听说这件事后，非常高兴，亲自召见了阿维拉多，并赏赐了他大量财富和土地。

据说，阿维拉多在与巨人战斗时，盾牌被巨人的狼牙棒打出了很多凹陷的小坑，查理大帝于是再授予他一项特权：允许他将这个有凹陷的盾牌，作为他个人的标志性勋章图案，这就是美第奇家族和家徽的来历。

13世纪时,佛罗伦萨的人口超过5万人,已经是一个大型城市，美第奇家族开始迁往佛罗伦萨寻找发展机会。自从骑士祖先创立美第奇家族以来，家族一直都是默默无闻的农民，直到1360年乔凡尼的出生，才发生了改变。

1397年10月1日，从小就对经商感兴趣的乔凡尼在佛罗伦萨成立了公司，这被认为是美第奇银行的创始日。他们最先从事的是金币兑换、小额存款、给羊毛商人进行季节性贷款等业务。

乔凡尼是个精明谨慎之人，他在金融领域表现出惊人的天赋。随着规模的扩大，他决定把公司实行连锁经营，在意大利北部各城邦及欧洲其他国家设立分行。这也是早期跨国公司的模型。

1402年的一天，一个叫巴尔瑟萨的人出现在乔凡尼店门口。这个人本是一个那不勒斯的海盗，出生于一个没落的贵族家庭。有趣的是，在海盗生涯中赚了钱后，他首先做的第一件事居然是购买了一个法学博士学位。

“海盗不可怕，就怕海盗装文化”。巴尔瑟萨找到了乔凡尼，希望能贷一笔巨款，以此来操作竞选枢机主教的头衔，如果成功就任主教，他将来一定会对美第奇家族予以重谢。

乔凡尼最近正在发愁无法切入教会体系，因为教会的捐款数额巨大，如果能得到这笔巨款的管理权，美第奇银行的地位将会得到巨大提升。于是他决定赌一把，答应了借款给巴尔瑟萨。

1410 年，巴尔瑟萨成功就任教皇约翰二十三世，美第奇银行顺理成章地接手了教廷的财政事务。新教皇把教会所有的捐款、存款、资产都交给美第奇银行经营。

当时，整个教廷的收入多得难以想象。这其中包括各教区上缴税款、变卖圣物所得、赎罪卷交易、买卖圣职等，各项加起来是一个超级大的数额。这相当于今天某家银行赢得了苹果、谷歌、亚马逊、微软等世界 500 强公司的业务。因为这些公司一旦成为你的客户，他们就会把大量现金存进你的银行。这些巨量的存款，将会给银行业务提供充足的资金。

从此，教会成为美第奇家族银行的长期大客户，美第奇家族赢得了独家为教廷提供银行服务的权利。这几乎是一步登天，让美第奇银行在行业中树立了极大威信，也奠定了日后其走向强大的基础。

乔凡尼是一名基督徒，他深知基督教无法容忍放高利贷的行为，而自己则是靠高利贷起家，现在从事的银行也是靠利息差赚钱，这都是宗教教义中所反对的赚钱方式。而且，他也深信《圣经》里的教诲，认为放高利贷死后会下地狱。

因此，他需要找到一条救赎自己灵魂的方法，为自己从事的、教义所不允许的银行业赎罪。而此时，欧洲正处于中世纪阶段，乔凡尼似乎看到了自己努力的方向。

2．乔凡尼的灵魂救赎

公元476年，傲视群雄的罗马帝国惨败于野蛮民族日耳曼人，西罗马帝国覆灭。法兰克、伦巴德、勃艮第、奥多亚克等割据势力之间战火不断，欧洲开始进入黑暗的中世纪。

这期间，教会力量空前强大，统治了整个欧洲，天主教会垄断了学校和教育，用封建神学洗脑和操控人们。他们还极端地压制科学研究，实行奴役、压迫的政策，处死、监禁了大量科学家，包括大众熟知的布鲁诺、伽利略、哥白尼等人。

13世纪晚期，欧洲人在黑暗里苦苦挣扎了800年后，一些人开始觉醒。他们不想再做教会的奴隶，而结束这个黑暗的唯一方法就是起来反抗，用新思想唤醒沉睡的人们。

于是，这些人开始提出，这几百年漫长的中世纪文化是一种倒退，而曾经辉煌的希腊、罗马古典文化才是典范。他们呼吁复兴古典文化，这就是历史上著名的“文艺复兴”。

文艺复兴的推动者主张要肯定“人”是现世生活的创造者，弱化神的万能作用。他们提出文学艺术要表现“人”的思想和感情，科学为“人”谋福利，教育要发展“人”的个性。

这一次伟大的文艺复兴运动，是从建筑学领域开始的，而美第奇家族是推动这一波澜壮阔的革命性功臣，乔凡尼正是这个家族赞助的发起者。

他赞助了重建圣洛伦兹大教堂、圣母百花教堂，还兴办了孤儿院等大型工程。这些辉煌的艺术建筑，成为欧洲最为耀眼的宗教文化的一部分。直到今天，在佛罗伦萨依然可以看到这些精美绝伦的建筑艺术品。

他还发起了为佛罗伦萨洗礼堂设计铜门的竞赛活动，最后，一个名叫洛伦兹的23岁年轻金匠胜出。这个金匠花了20多年时间，亲手浇铸出两扇铜门的浮雕，被米开朗基罗称为“天堂之门”。

1428年，乔凡尼病危，他把包括柯西莫在内的两个儿子叫到床前。他希望自己的葬礼办得简单，不铺张浪费。

但是最后，几乎整个佛罗伦萨的人都自发为他送行，这里面就有无数受到过他帮助的人。此刻，人们已经把乔凡尼视为佛罗伦萨的统治者，也认同美第奇家族在佛罗伦萨的统治地位。

3. 柯西莫的赞助接力

乔凡尼死后，柯西莫继承和掌握了美第奇家族，柯西莫继承了乔凡尼的18万弗洛林的巨额遗产。

这个超级富二代不但不张扬，而且还很少出现在大庭广众之下。他穿着低调，出门时经常小心地把靠墙的路让给老年人走。美第奇银行在他的带领下，继续不断地快速扩展，业务几乎遍布整个欧洲。

而且，他还跟他父亲一样，赞助了博洛尼亚的枢机主教，事实证明他又跟父亲一样押对了赌注。这个枢机主教后来当选为教皇尼古拉五世，再次加固了与教廷的关系。

此时，佛罗伦萨已经变成一个由美第奇家族统治的城邦，也就是独立的城邦国家。柯西莫登上王位后，对外实现高明的财政政治策略，使意大利半岛几大势力处在均衡当中，从而避免了战争。对内部不断改革，强化经济、文化建设，全力支持文学、学术、哲学和艺术活动，涉及的范围之大、资金投入之多，令人匪夷所思。

柯西莫跟父亲不同，他本身就非常懂艺术，此前他一直在学习古希腊和罗马的经典艺术作品。可以说，柯西莫对艺术的支持，比父亲乔凡尼更为深入、更为专业。

在他身边聚集着一批像多纳泰洛、布鲁内莱斯基这样的大师。他积极主持修建大厦、教堂、孤儿院，支持大量金钱保证艺术家的创作，支持艺术家创意雕塑、绘画，可能是想以此向上帝证明自己的虔诚、清白、无辜。

同时，他还大量收购失传的珍贵古典文献。当时，有一个叫尼科利的学者找到柯西莫求助，说自己家庭财力有限，在收购古典文献时花光了所有的钱，现在面临破产。

柯西莫听完，直接给他在美第奇银行开了一个无数额限制的账户，随时可以支出钱用于收购古籍，而且额度永远没有限制。这种对艺术的大手笔还真的不是一般土豪可以做到的。

于是，这个土豪赞助文化艺术的消息一传十、十传百，无数的国内外艺术家慕名而来，有来自君士坦丁堡的宫廷建筑师，也有来自意大利小城市的画匠，浩浩荡荡直奔佛罗伦萨。柯西莫来者不拒，全部都安顿在专门的府邸。

在春秋战国时期也有类似的场景，著名的战国四公子春申君、信陵君、平原君、孟尝君也是广罗天下人才。美第奇家族和这四个人一样门客三千，一时间人才济济，无人能及。

柯西莫还请来多那泰罗。多那泰罗是著名的雕塑大师，他为佛罗伦萨创造出传世杰作——大卫铜像。柯西莫对此喜爱至极，将其放到了美第奇宫内的庭院正中央，作为本人的象征。

柯西莫还出资全面改造城区，包含宫殿、图书馆、教堂、修道院等建筑，改造采用希腊和古罗马的古典造型。这时候，他发现还有一个“烂尾楼”存在，这就是佛罗伦萨的主教堂——百花大教堂。

这个圣母百花大教堂1295年开始修建，整整花了两百年才完工，但至今还没有圆顶，因为几乎没有人有信心为这个教堂加上圆顶，这是一个比罗马万神殿还大的拱顶，难度大得不可想象。

佛罗伦萨政府非常苦恼，一个没有圆顶的教堂就无法称为完整的教堂。在那个宗教强大的年代，一个完整、宏伟的主教堂对一个城市具有无比重要的象征意义。

这时候，柯西莫发掘了一个与众不同的建筑大师——布鲁内莱斯基，邀请到宫内并亲自接见了他，柯西莫希望布鲁内莱斯基能够给百花大教堂设计出一个完美的圆顶。这个痴迷于研究古典主义建筑、精通物理和数学的大师，最后真的设计出了一个震撼人心的方案。

他将圆顶设计为内外两层结构，采用四百多万块红砖而非大理石来减轻圆顶的重量。他花了将近二十年建成一个前所未有的圆顶。

最后，整个佛罗伦萨为之沸腾。当结构美妙绝伦的圆顶完成之时，人们称赞其“美丽的红色圆顶直触天空，整个托斯卡纳都能看见”。

这个圆顶方案，在样式及结构上都是划时代的重大革新。这座美丽的圆顶建筑影响欧美建筑500余年，至今仍矗立在佛罗伦萨，成为佛罗伦萨的象征。

柯西莫能容纳各种艺术家的怪脾气。他胸怀坦荡、惜才爱才，给予这些艺术家足够的创作空间，而不干涉和左右他们。他有句名言：“天才艺术家就是天上的星体，而非被捆绑的驴子。”

在柯西莫统治下的佛罗伦萨,开始具有世界级的文化影响力。他将佛罗伦萨引向自由和强大，成为意大利的一个重要城邦，也是以一己之力，支持着文艺复兴运动一路前行。

而他的美第奇家族，也逐渐成为这个城市的标志和符号，柯西莫本人则被称作佛罗伦萨的“国父”。

4．伟大的洛伦佐

柯西莫死后,他的儿子皮耶罗当权,由于皮耶罗身体太过羸弱,患有痛风病，常年卧病在床，上台5年就去世了，此后由柯西莫的两个孙子洛伦佐、朱里亚诺轮流执政。

洛伦佐出生于1449年，上台时仅仅20岁。罗马教皇西克斯图对美第奇家族的权势仇视已久，于是就暗中策划刺杀行动，这两个小朋友可真是剑未佩妥，出门已是江湖。

敌人预先在教堂里设下埋伏，当洛伦佐和弟弟朱利亚诺在复活节做弥撒时，凶手出现行刺兄弟两人，弟弟朱利亚诺身中数刀，当场死去，而洛伦佐躲过一劫。最终，洛伦佐成功反击，处死了凶手，重新赢得了佛罗伦萨的统治权。

洛伦佐是集其曾祖父乔凡尼、爷爷柯西莫优点的伟大继承者。他依然按照祖训，加大对艺术、科学的支持和赞助，其家族赞助的艺术家越来越多，大师级的艺术家不断出现，最为著名的是达·芬奇、米开朗基罗、拉斐尔。他们是欧洲文艺复兴的三个扛把子，人称“文艺复兴三杰”。

达·芬奇1452年出生，父亲是佛罗伦萨的法律公证员，家境优越，母亲卡泰丽娜是农妇，达·芬奇是他们的私生子。

洛伦佐很快就发现了达·芬奇的才能，盛情邀请他入宫创作，美第奇家族慷慨相助，让他全心投入创作中，助力达·芬奇成为一个绝无仅有的伟大人物。

达·芬奇彻底解决了造型艺术三个领域——建筑、雕刻、绘画中的纪念性三大难题：中央圆屋顶建筑物设计难题、骑马纪念碑雕像问题、纪念性壁画和祭坛画问题。

恩格斯称达·芬奇是巨人中的巨人。如果单说他是一位伟大的画家确实有点委屈他，他在绘画、音乐、建筑、数学、几何学、解剖学、生理学、动物学、植物学、天文学、气象学、地质学、地理学、物理学、光学、力学、发明、土木工程等领域都有显著的成就，古往今来，仅此一人。

他全部的科研成果保存在他的手稿中，大约有15000页。爱因斯坦认为，达·芬奇的科研成果如果在当时就发表的话，科技可以提前半个世纪。

米开朗基罗同样是一名艺术天才。他13岁开始学画画，随后进入美第奇家族开办的“自由美术学校”，由于他的超群才华，受到美第奇家族的重视。

1498年，23岁的米开朗基罗受法国枢机主教委托，为圣彼得教堂制作《哀悼基督》雕像。这件雕像使米开朗基罗一战成名，被誉为达·芬奇之后又一颗雕刻巨星。

1501年，26岁的米开朗基罗开始了他辉煌的艺术生涯，分别完成《大卫》雕像、世界上最大的壁画——西斯廷教堂天顶壁画《创世纪》《摩西》《被缚的奴隶》《垂死的奴隶》等惊世名作。

1519年，44岁的大师又回到佛罗伦萨。当时，来自美第奇家族的教皇利奥十世在位，要求米开朗基罗为其祖宗圣洛伦佐陵墓制作雕像。

几年后，米开朗基罗创作了他生平最伟大的作品——圣洛伦佐教堂里的美第奇家族陵墓群雕，分别是《昼》《夜》《晨》《暮》。

米开朗基罗作为文艺复兴的巨匠，兼雕刻家、画家、建筑家和诗人于一身，以他超越时空的宏伟大作，在生前和后世都造成了无与伦比的巨大影响。

相比前面两位大师，拉斐尔是三杰中年龄最小的。他出生于1483年，此刻达·芬奇已经30岁了。

拉斐尔跟两位前辈不同，他只专注于画画，用了大量的时间临摹达·芬奇的作品，汲取达·芬奇和米开朗基罗的艺术精髓，最终形成了自己与众不同的艺术风格。

在他15岁时画的壁画《麦当娜和婴孩》中，麦当娜就是圣母玛利亚，婴儿就是耶稣。意大利人喜欢把圣母玛利亚称为麦当娜，打小起，拉斐尔就特别喜欢画圣母，结果一发不可收拾，竟然成了“圣母专业户”。

他的一生中创作了无数的圣母画：1502年创作《圣母加冕》；1504年创作《圣母的婚礼》《安西帝圣母》；1509年，拉斐尔为梵蒂冈宫的“签字厅”画了第一幅画《圣礼之争》，之后被授予教会“首席画家”荣誉头衔。

拉斐尔则还创作了《基督复活》《圣父与圣母玛利亚》等名画，这些作品都是艺术中的不朽之作。总之，他的画作大部分跟圣母有关。

洛伦佐不但支持艺术，还加大了对科学的赞助。著名的科学家伽利略、政治学家马基雅维利，他们在各自领域的杰出成就也得益于洛伦佐的资助。

1492年4月，伟大的洛伦佐死于胃病，享年44岁。

5．文艺复兴的成就

从15世纪至18世纪中期长达三个世纪的时间里，佛罗伦萨的命运与美第奇家族的兴衰紧紧联系在一起。经过美第奇家族乔凡尼、柯西莫、洛伦佐等继承者的持续赞助，文艺复兴的种子不断萌芽、成长，美第奇几乎以一个家族之力推动欧洲走出了黑暗的中世纪。

但经历了乔凡尼、柯西莫、洛伦佐三位杰出人物之后，美第奇家族开始走向衰落。

洛伦佐死后，无人掌控家族大局，再加之意大利羊毛加工行业衰落，英国的纺织业兴起，美第奇家族经营的羊毛生意也一蹶不振，逐渐显出颓势。

1737年，美第奇家族因为没有后嗣子孙不得不解散，称霸佛罗伦萨几百年的家族黯然退场。

美第奇家族诞生了四位教皇：庇护四世、利奥十世、克莱门特七世、利奥十一世。两位法国王后：凯瑟琳、玛丽。

美第奇家族在金融领域呼风唤雨，在艺术领域慷慨解囊，没有任何家族像美第奇家族这样，一代接一代、不遗余力地支持艺术的发展。文艺复兴正是得益于美第奇家族的资助，才得以持续，盛况空前地发展，继而影响整个欧洲。

佛罗伦萨今天的文化和建筑，很多都是美第奇家族最辉煌时代的缩影。也许，你今天置身于佛罗伦萨的宏伟建筑群里，也能体会到当年身处欧洲的美第奇家族荣光。

由美第奇家族推动的文艺复兴带来了欧洲的巨大进步，产生了难以计量的科学成果，为后来欧洲的强大提供了坚实的基础。

天文学、物理学、数学、生理学和医学得到极大发展，产生了不计其数的伟大成果。如哥白尼的《天体运行论》；伽利略发现了落体、抛物体和振摆三大定律；维萨留斯发表了《人体结构》；哈维发表了《心血运动论》等。

航海技术也开始产生了革命性的飞跃，葡萄牙、西班牙、意大利的探险家开始了一系列远程航海活动。哥伦布和麦哲伦地理大发现为“地圆说”提供了有力的证据。

从中国传过来的造纸术、指南针、火药、印刷术，在欧洲落地生根，欧洲人迅速借鉴再创新，不断升级东方的技艺，促使科学思想的迅速传播。

文学也达到巅峰，但丁完成了《神曲》，薄伽丘出版了《十日谈》，还有莎士比亚、荷马、歌德、塞万提斯等无数天才级文学大师横空出世。

可以看出，金融所具有的强大力量，既可以让一朵郁金香毁掉一个帝国，也可以让一个人把法国玩弄于股掌。同时，也可以帮助欧洲走出黑暗、重新崛起。所有的工具都如此，不在于工具本身，而在于使用工具的人。

小白经济学

第五部分

奇迹与危机

超越自然的奇迹，
总是在对厄运的征服中出现的。
——培根

第十七章

雄霸天下的大宋辉煌

公元960年，农历大年初一。

五代十国之一的后周国一派新年气象。8岁的皇帝柴宗训一大早就被太监叫醒，他带着惺忪的睡眼不情愿地起床洗漱，因为，门外正有紧急求见的大臣在等候。

大臣急报，边疆宿敌契丹正准备联合北汉攻打后周。敌人偏偏在这时候攻打后周，这还让不让人过年啦！柴宗训小朋友吓坏了，赶紧宣宰相范质进宫来商量对策。

宰相范质也正在家包汤圆呢，一听皇帝宣他进殿，赶紧脱下围裙，洗手换衣服急忙进宫，经过一上午的讨论，皇帝决定派遣赵匡胤统率大军北上抗击契丹。

第二天一早，赵匡胤便带着几十万大军出城而去，众大臣送走能征善战的赵匡胤，心里踏实了许多，这下总算放下心回家继续包汤圆了。谁也没有料到，历史在此拐了一个弯。

当大军行至陈桥驿时（陈桥驿离首都不过几十里地），赵匡胤便命将士原地稍作休息，于是好戏开始上演。

赵匡胤：传令下去，原地稍作休息。

传令官：遵命！

将领甲：元帅，最近我夜观天象，发现很多奇怪的事。

赵匡胤：不妨说说。

将领甲：我发现多处天降祥瑞，此次预示江山姓赵。

将领乙：我也几次看到天降祥瑞，很明确看到江山是大帅您的。

将领丙：其实，大家都清楚地看到祥瑞了，江山是赵家的。

赵匡胤：不要胡说，我怎么能这么做呢？不行不行。

将领丁：天命怎么可以违抗，请将军勉为其难吧。

赵匡胤：不行不行，本人一介武夫，才疏学浅，实难堪大任。

将领甲拔刀横在自己脖子上：大帅不应，我等立刻血溅三尺。

众将领全部拔刀横脖：老大万岁，为了天下苍生，请勿推辞。

赵匡胤：好吧好吧，你说你们这帮孩子！行，那我就试试吧。

赵匡胤一答应，众将领立刻拿出了各种黄袍装备，赵匡胤当场黄袍加身称帝，史称“陈桥兵变”。

为什么出城抗契丹，却带好了黄袍装备呢？看来一切早有准备。但为什么要演一出这样的苦情戏呢？

原来，在中国传统文化里，篡夺皇位还是有点儿不光彩的，需要一套标准流程来掩饰一下，尽量做成无法推辞不得不就位的样子。因为太直接、太主动可能会被后人唾骂。

一般先是让部下提出来，部下一般会说最近天降祥瑞什么的，而篡位者本人至少要三次推辞，部下再苦苦哀求，然后开始有人以死相逼就位，篡位者最后假装为了天下苍生、将士生命，不得不勉为其难地答应做皇帝。

赵匡胤此刻当然不会再去攻打契丹了，而是率领大军原路折回京城开封。京城守将石守信、王审琦也相当有默契，直接开门迎接赵匡胤入城。

8岁的周恭帝哪里见过这种场面，惊吓之下，不得不把皇位“禅让”给赵匡胤。赵匡胤即位后，仍定都开封，改国号为“宋”，大宋王朝由此开启大幕。

宋朝是一个既风花雪月又忍辱负重的朝代，是一个文人闪耀、武将失色的朝代，还是一个经济强盛、国民富裕的朝代。

公元1000年时，宋朝GDP总量达到惊人的265.5亿美元，占世界经济总量的22.7%，人均GDP为450美元，超过当时西欧国家最高400美元的水平，财力之雄厚，一时间让世界各国黯然失色。

北宋画家张择端，用一幅长达528.7厘米的《清明上河图》

画卷，画尽宋朝的市井人物百态，也从另一个角度反映了宋朝首都之繁华、经济之发达、民间商业之兴盛。

陈寅恪评价宋朝：“华夏民族之文化，历数千载之演进，造极于赵宋之世。”他的意思是说华夏文化在宋朝到达极致，其国力已远超大唐。

而在西方与日本史学界中，绝大多数专家认为宋朝是中国历史上的文艺复兴、经济革命时期，其成就和繁荣程度远超其他朝代。

到底是什么成就了大宋的经济盛世呢？不但国力强大、人民富足、经济发达，就连文化、工业也都远超世界。下面一起走进那个耀眼的王朝一探究竟。

1．舌尖上的大宋

宋真宗赵恒是宋朝第三位皇帝，他爱好文学、擅长书法，是一个十足的文艺青年。事实上，宋朝皇帝中，除了爱打打杀杀的赵匡胤之外，几乎每个皇帝都是文艺青年。

什么，你居然不知道赵恒？那你总知道“书中自有黄金屋，书中自有颜如玉”这句话吧。这句话就出自他的《励学篇》。

他特别能体会民间疾苦，大胆任用李沆等人为宰相，减免五代十国以来沉重的税赋，使得农作物产量倍增，手工业、商业蓬勃发展，使北宋进入经济繁荣期，史称“咸平之治”。

可以说宋朝的经济繁荣是从他手里开始的，更难能可贵的是，作为一个文艺青年，他还非常关注农民种粮食的问题。他特别喜欢观察、研究、实验稻谷种植，简直是一个大宋的“文艺版袁隆平”。

公元 1011 年，江淮、江南一带大旱，导致全国粮食歉收，众大臣议论纷纷但找不到解决办法，但赵恒一下就看到问题的关键，他认为是水稻品种的问题。因为当地水稻品种不耐旱，稍微一天旱就会减产，必须要找到更好的品种才能解决这些地区的产量问题。

于是，他想要为宋朝找到更好的稻谷品种。但由于当时没有合适杂交稻的技术团队，肯定无法自主创新，宋真宗最后决定从国外引进先进技术，这样速度更快、效果更好。

他根据自己对稻谷的研究经验反复筛选后，最终选定了一种来自邻居占城国的一款优秀稻谷品种。占城国当时是一个小国，位于现在的越南中部地区。

事不宜迟，宋真宗立刻派出“稻谷使团”，携带无数金银礼品，一路跋涉远赴都没有去过的占城国，以求能得到优质水稻种子。

占城国王被这么热情的土豪民族吓了一跳，觉得稻谷这玩意儿稀疏平常，对方居然用这么多金银来交换。惊讶之余，他还是非常激动地接受这个外贸订单，不但送给了使者几万斗种子，还让人详细地写下了该品种的种植教程。

宋真宗对此非常重视，他在京城亲自接见了这支稻谷海淘小分队，看着拉回来的三万斗稻谷种子，高兴得手舞足蹈。

随后，宋真宗下令全国大面积推广种植，而且他还把种植方法印刷在纸上，让专人在全国各地墙上张贴，派人持续普及稻谷种植方法。

事实证明这个决定非常英明，占城稻具有耐旱、适应性强、生长期短等优点，而且还不挑土质、产量高、口感好，这么好的东西，其实根本不用皇上费太多心思强制推广，自然而然就迅速在全国普及了。

宋真宗对这个结果特别满意。每年稻谷成熟时，他都会召集一大拨朝廷命官，组成“稻谷收割观光团”，到处参观丰收景象。看来他跟诗人海子的梦想一样，喜欢劈柴喂马、面朝大海、春暖花开的田园生活。

原来，古往今来都相同，文艺青年爱务农。

随后，宋代“水稻大叔”宋真宗开始鼓励民间给水稻进行授粉杂交，创造出新的水稻品种。而且，为了得到第一手种植数据，他居然还在皇宫内开辟了一片试验田，种植了一大片水稻。

在皇宫里种植水稻，古往今来估计也就宋真宗一人了。不但种了水稻，对于水稻的生长他还非常投入，不仅时常观察水稻长势，还坚持每天记录生长数据。

在他的鼓励下，全国有关水稻的科研活动进行得如火如荼，占城稻也很快完成了本地化，适应了中国的水土、气候，开始大面积繁衍生长，而且还衍生出多个新的水稻品种。

想想这个画面简直不要太美：傍晚时分，宋真宗拉着自己最宠爱的成都妹子杨淑妃的小手，走在宫殿秋日的丝丝凉风里，“稻花香里说丰年，听取蛙声一片”。

而且，宋真宗还喜欢亲自动手做饭，品尝自己种植的稻子，体会这种劳动带来的成就感。

他经常在结束了一天的宫廷劳作之后，回到私人御厨房，选取当年的新米作为食材，用清凉的御用山泉水反复浸润，在皇家的柴火中，米粒雪白的身躯彼此缠绕，在翻滚的水中翩跹起舞，完成由稻谷到米饭的飞跃。

他用食物凝聚后宫佳丽、慰藉文武群臣。这些大米是来自大自然的馈赠，在平淡无奇的锅碗瓢盆里，盛满了君临天下的人生，更折射出中国式伦理、朝堂、宫斗、别离的人生百味。

总之，这场面像极了“舌尖上的宋朝”。

根据后来日本学者加藤繁统计，他认为中国现今共有 82 种水稻属于占城稻系列，虽然名字各异，但都是从占城稻杂交而来。占城稻和原来当地的早、中、晚稻搭配种植，为当地粮食增产、品种布局合理化做出了重大贡献。同时，还促进了南宋时期长江流域的“稻麦两熟”的种植形式。

宋真宗可谓高瞻远瞩，杂交稻彻底解决了农民的吃饭问题，这是宋朝经济腾飞的基础。正应了那句名言——“仓中有粮，心中不慌”，解决了温饱问题，农民才可以真正投入工业、商业活动。

虽然宋朝多次面临巨大危机，但基本都是由外敌入侵造成的。宋朝是中国唯一没有出现内乱的朝代，这跟农民能吃饱肚子有极大的关系，这也是中国历史上绝无仅有的案例。

2. 文艺青年不打仗

宋朝的经济腾飞，绝不是只种种水稻就能达成。经济的发展还有一个非常重要的条件，那就是稳定和平的国际环境。

宋真宗是个文人，而且具备大部分文人谨小慎微的特点，胆子很小，尤其是对战争毫无兴趣，甚至是有点儿惧怕。现在看来，正是这种胆小成就了宋朝的繁荣。

宋朝当时跟辽国之间的战争已经持续了二十多年，其焦点在于互相争夺燕云十六州，也就是今天的河北、山西、京津冀一带之地。由于燕云十六州农业、牧业比较发达，因此大辽在后晋时期抢到手后，一直牢牢把守着不愿意归还。

公元 1004 年，辽国的萧太后亲率大军深入宋境，与宋军对峙在澶渊城。对方看起来很吓人，完全是要冲向京城开封、捉拿皇帝的架势，而宋朝当时崇文不尚武，文化事业开展得繁荣昌盛，但是军事一直都是宋朝的短板。

文艺青年宋真宗当场吓坏了，赶紧找人商量对策。当时的文武百官也都毫无对策，有的说好怕怕要不干脆投降吧，有的说好怕怕干脆逃跑去成都藏起来吧。一时间朝廷惊慌成一片。

大家也知道，成都就是一个你去了就不愿意离开的地方，去了成都你还有心思再回开封当皇帝吗？再说了，当皇帝哪有吃火锅、打麻将、看美女、喂熊猫有趣呢？

当时的丞相是寇准，他义正词严地痛批朝中投降派、逃跑派，说服了宋真宗抵抗辽国，最后愣是生拉硬拽带着宋真宗去了前线，美其名曰御驾亲征，其实也不过就是看望士兵、鼓舞士气而已。

宋真宗到达澶渊城，爬上城楼一看，好家伙，远处大辽的铁骑密密麻麻，他立刻就感觉腿都有点儿哆嗦站不稳，但寇准抗敌之心异常坚决，当晚就拉着皇帝跟大将们开会，商量与辽国的作战计划。

大辽当时的主帅名叫萧挞凛，是一个让宋朝军队闻之色变的悍将，其骁勇善战、彪悍无比。一天早晨，这哥们儿估计是有点儿自信过头，居然带着十几个人就走出大营溜达，一不小心就走到宋军的防守范围内。

他哪里知道，我大宋也不是那么好惹的。再说了这几天皇帝都来视察，下面将士士气大振，干活儿比平日勤快了很多，而且出于皇帝安全考虑，澶渊城附近到处都埋伏着宋朝士兵。

话说萧挞凛正信马由缰遛弯儿呢，不知不觉就进入了大将张环早就设下的埋伏圈。虽然张环并不知道过来的人就是大辽的主帅，但看到敌人本能出击，于是伏兵一齐用强弩攻击，万箭齐发，遭到伏击的萧挞凛当场毙命。

萧太后看到主帅死亡，痛哭不已，不得不宣布休战为主帅准备后事，三军缟素，厚葬萧挞凛。

此时，宋真宗登上澶州北城门顶，看着自己的千军万马，慷慨陈词。据记载，场面是“诸军皆呼万岁，声闻数十里，气势百倍”，宋真宗御驾亲征大大鼓舞了士气，几十万宋军气势如虹。

大辽这下就比较被动了，临阵失去主帅，形势明显急转直下。

而且，现在粮草又出现供应不足。对于一个远征部队来说，粮草就意味着战士的信心，而对面宋军士气正高昂。到底这个仗还打不打，萧太后有点犹豫。

但她不知道，对手宋真宗这个文艺青年也不喜欢打打杀杀，他比萧太后更希望早点结束战争回家吟诗作画。而且，宋真宗还主动派人联系到了以前从宋朝叛变到大辽的一个将领，让这个将领去找萧太后，侧面传递出宋朝想和谈的意图。

萧太后正犹豫要不要撤军，一听到这个消息高兴坏了。因为没有粮草，也没有主帅，整个军队士气低落，何不顺水推舟，捞点什么好处就回去，这样回去既有面子，也有里子。

等到寇准发现后，事情已经来不及阻止了。寇准震惊之余赶紧去质问皇帝，说大哥你能不能别这么怂啊！咱们应该乘胜追击，顺便收复燕云十六州多好，这就是你彪炳千秋的功绩。

大将杨延昭也派人上书，称敌军士气低落，我军斗志昂扬，正好出击。但宋真宗说已经来不及了，咱们那边已经跟萧太后说好了。

其实，咱们的皇帝只想早点回家看贵妃，后宫三千留在京城好久了，不及时回去翻牌子，后院起火出问题怎么办？再说了，皇宫试验田的水稻还没收呢。

皇上执意要讲和，许多大臣也一边倒要求和谈，无奈之下，寇准只能安排讲和事宜。但宋真宗只有一个要求，就是“只要不割地，就是索取百万钱财，也可以答应”。

讲和的使者曹利用心里没底，就问皇上：“如果对方要求宋朝每年纳贡，你给我个底线，我才心里有数。”赵恒不假思索地道：“如事不得已，百万也可。”

寇准真是个好官，特别着急，下殿后赶紧把曹利用叫到一边，说：“虽然皇上说的底线是一百万，但如果你谈判每年纳贡超过三十万，回来我要你项上人头。”

最后，曹利用几经讨价还价，宋辽双方达成了协议，宋朝每年给契丹三十万银绢。曹利用回去汇报时，宋真宗正在吃饭，看到曹利用回来，赶紧问：“谈判结果是什么，每年咱们宋朝应该给大辽纳贡多少？”

曹利用伸出三个手指放在额头上，意思是三十万两，真宗以为是三百万辆，说：“三百万两，太多了，太多了。”

曹利用答道：“陛下，是三十万两。”

赵恒听完开心大笑：“才三十万，这么少，小伙子你办事给力。”随后重重地奖赏了曹利用。

宋、辽两国制定了以下条约

一、辽、宋为兄弟之国，宋为兄、辽为弟，宋要尊称萧太后为叔母，以后要派使者定期互访。

二、双方撤兵，此后两国以白沟河为界，辽国归还之前占领的遂城及瀛、莫二州。而且双方还规定了引渡条款，如果以后越边界的盗贼逃犯，彼此都不能藏匿。

三、宋方每年向辽纳岁币十万两，绢二十万匹，共计三十万。

四、双方在边境处设置“自由贸易市场”，开展商业贸易。

最后的结果却非常有意思，在双方边界进行的商业贸易集市中，北宋每年所赚的钱大约为七十万两，除去向辽国缴纳的三十万两岁币，还净赚四十万两。

而且，宋朝还用赚来的这部分钱，大量低价购买大辽的优质军马，装备大宋军队。十几年后，居然买空了大辽军马，以至于大辽国的骑兵部队军马严重不足，缺少军马的辽国骑兵对宋朝的威胁也大大降低。

惊不惊喜？意不意外？看来宋朝人民做生易的智商很在线啊。

“澶渊之盟”看起来是宋真宗的软弱之举，但任何事物都有其两面性，这个盟约结束了宋辽之间长达25年的战争，不但人民再没有战争之苦，而且为经济腾飞留出了宝贵的和平时期。

有文记载：宋朝边疆“生育繁息，牛羊被野，戴白之人，不识干戈”。意思是说，宋辽边境出现长期的和平局面，双方百姓安居乐业，人口兴盛，遍地牛羊，连老年人都不认识武器了，证明已经很长时间没有战争了。

3．农业学大宋

宋朝用钱换来了和平，加之皇帝亲自抓的“水稻革命”解决了吃饭问题，经济性农业发展的速度就明显快了起来。

俗语道：“上有天堂，下有苏杭”，“苏湖熟，天下足”。苏州、湖州一带一旦粮食丰收了，天下皆可衣食无忧，南方长江三角洲、宁绍平原水源充足，逐渐成为中国的重点产粮区。也可能从那个时候起，江南“鱼米之乡”的美名就再无争议了。

吃饱了肚子的宋朝百姓，开始把精力投入创新发明。为了让粮食产量高，聪明的宋朝人改良了犁头，使犁起的熟土在上，生土在下，有利于作物生长。

中国传统的犁耕，在宋朝时达到了极致完善的地步，许多先进的耕种方式和习惯一直沿用至今。

为了获得更好的犁，就必须有更好的钢材，于是宋代的冶炼技术紧跟着得到发展。任何一个时代，如果钢铁不用来造武器，那么就会服务于农业和生活。

宋代的矿冶业、金属加工业快速发展，炒钢、灌钢法日益成熟。北宋时期发明出钢刃熟铁农具，这种农具不仅坚韧锋利，而且轻巧耐用，适应性强，到了南宋初已普遍用作开荒或耕地农具。

旱灾和水涝，历来是古人最无能为力的两大天灾，但宋朝人表示不服，他们决定“与天斗”。两宋期间多次组织大规模水利建设，开人工运河、疏通河道、开凿水渠、修水库、围湖围海，全国一片大搞农田基本建设的气氛。

“与天斗其乐无穷、与地斗其乐无穷”。很快，斗志昂扬的宋朝农民就发现，在改良了装备以后，耕田变得更快了，于是良田就显得不够了。

然后，全国又掀起了大面积开荒运动，山区造梯田、河边填淤田、海边作沙田，甚至他们还在湖上用木排铺上泥来种菜，很像现代化的“无土栽培”技术。一时间，整个宋朝人民都在挖空心思开荒造田。

南宋诗人杨万里有诗云:“一岁兴平在一收,今年田父又无愁。接天稻穗黄娇日，照水蓼花红滴秋。”这就是统治者兴修水利政绩的真实反映。

杨万里还有一首写西湖的诗：“接天莲叶无穷碧，映日荷花别样红。”没办法，杨万里哥哥就是喜欢用“接天”两个字，可能他觉得这样显得比较有气势。

有了长期和平，有了优质稻种，有了高端的熟铁农具，有了水利工程，有了足够的田地，看起来也差不多了，但是宋朝人民依然一刻也不停息，又开始改善种植模式。

他们优化了稻麦复种制，而且首创了早、晚稻种植模式，出现一年种植两次，大大提高了单位面积产量。唐代的亩产不过两百斤左右，而到了南宋，亩产已经高达六七百斤，足足提高了三倍多。

经过一系列的造田、装备升级、技术改良，宋朝整个国家的粮食亩产量成倍增长，全国的粮食储备达到了中国历史最高峰。很多地方，官府不得不一直加盖粮仓，用以储存连年丰收的粮食。

粮食增产了，宋朝人还有用不完的热情，他们又开始搞副业种经济作物，太湖农民种植柑橘、泉州种植甘蔗，各地都开始种植桑树、棉花、大豆、龙眼等经济作物，农民的收入再一次提高。

“万丈红尘三杯酒，千秋大业一壶茶”。太平盛世怎么可能没有酒和茶呢？宋朝人民既有酒有茶，也有故事。

宋朝酒文化非常盛行，而且酿酒业也百花齐放。无论任何人，只要向官府买“曲”即可，“曲”是酿酒发酵用的原料，然后就可以私人酿酒。所以，大大小小的酒馆遍布街市，而且基本上都是自产自销，不同酒馆酿出的酒，味道自然也有所不同。

《水浒传》中爱喝酒的人很多，特别是武松，简直是嗜酒如命。在打虎之前，他喝的酒可能就是店家自酿酒，因为小说中描述喝之前还需要“筛酒”，就是过滤掉酒渣。这是一种介于米酒和黄酒之间的自家酿酒，度数大概在 10 度左右，相当于现在的啤酒。

茶叶更是宋朝的核心产业，也是当时最网红、最赚钱的经济作物，宋代每年投放市场的茶叶总值达 100 万贯。北宋年间，政府工商税收的增长主要来自盐、茶、银、铜的税收，而这四项产品大部分都来自南方。

不难看出，整个宋朝农业一片欣欣向荣，其生产效率、粮食产量超越了历史上任何一个时期，农业成为其经济繁荣的稳固基石。

4. 惊艳的宋朝工业

2014 年 4 月 8 日，香港苏富比拍卖行，一场引人关注的拍卖正在进行，焦点拍卖品是一件“划花八棱大盌”瓷器。这个碗状的瓷器品在多轮激烈竞拍后，以 1.4 亿元人民币成交。

这件瓷器文物就出自于北宋时期的定窑。定窑为宋代六大窑系之一，窑址在今河北省保定市曲阳涧滋村、东西燕村一带，宋代属定州，故名定窑。

宋词和宋瓷，都是宋朝的骄傲。在那个时期，整个世界几乎都被中国的瓷器所吸引，在他们眼里，上好的瓷器应该只有中国才能生产，中国的英文“China”就是瓷器的意思。

宋朝官窑、民窑遍布全国，产品通过海上丝绸之路远销海外，如日本、高丽、南洋、印度、中西亚等地区。其中，又以钧瓷最为傲娇，它应该是“饥饿营销”的鼻祖，宋徽宗将钧瓷封为“神钧宝瓶”。它每年出产的瓷器只选出最好的36件，只许皇家拥有，其余的全部砸碎深埋土里。于是，一直有“黄金有价钧无价”和“家有万贯，不如钧瓷一件”的说法。

钧瓷创造性地使用铜的氧化物作为着色剂，“入窑一色，出窑万彩”。送进去时都是一样的土坯，烧制完成后，氧化物就出现神奇的随机窑变效果，每件颜色都各不相同，在阳光下红中透紫，紫中藏青，青中寓白，白中泛红，青者若蓝天，白者胜美玉，五彩渗化，相映生辉。

自宋徽宗以后，钧瓷就奠定了自身在陶瓷史上无可撼动的地位。宋、元、明、清历代帝王，无一例外都将钧瓷作为君王专用之器物。

宋瓷既是百姓的生活日用品，也是精美的工艺美术品，还是皇家青睐的器物。北宋的瓷器大量运销国外，现在，在亚非各地都有大量出土的宋代瓷器，可见，当时宋瓷确实已经畅销全世界了。

瓷器其实只是宋朝手工业的一个缩影。事实上，整个宋朝的工业都发展到了前所未有的高度，包括印刷、造纸、造船、冶金等行业，无一不居于世界一流水准。

宋朝的丝、麻、毛纺织业都非常发达。重庆、四川、山西、等地麻织业、丝织业技术非常先进，广东雷州半岛地区和广西南部成为棉纺织业的中心。

宋朝的造纸业也毫不落后，浙江的藤纸、四川的布头笺、冷金笺、麻纸、竹纸，安徽的凝霜、澄心纸、粟纸等都闻名全国。造纸技术提高，随之提高的就是印刷术。

宋朝印刷业也是历朝最好。东京、临安、眉山、建阳等都是印刷业中心。官府系统国子监所刻的书为“监本”，而民间书坊所刻的书被称为“坊本”，宋朝印刷刻本以纸墨精良、版式疏朗、字体圆润、做工考究、传世稀少、价值连城而闻名后世。

宋朝的造船技术亦是当时世界之冠。1078 年，明州造出两艘约 600 吨的大船，已经是当时的最高水平。1974 年福建泉州出土一艘宋代古船，采用多个隔水仓，即使其中一两个隔水仓漏水，船也不会沉，隔水舱技术经马可 · 波罗介绍，而后传入欧洲。

宋朝对采矿也有非同一般的狂热，从数量上就可以看出端倪，北宋发现金属矿藏 270 余处，比唐朝增加 100 多处。宋政府不但自己有专人勘探，还鼓励民间的高人探矿、报矿。宋徽宗还曾下诏，呼吁大家一起开矿，找到后可以和政府共同分成。

5. 史上最宽松的政策

北宋的 GDP 数量大得惊人。数据统计显示，如果按照购买力来计算，北宋 GDP 居然是清朝“康乾盛世”时 GDP 的两倍，虽然北宋政府赋税收入为大唐盛世的十多倍，但农民却毫无压力。

宋朝民间贸易空前繁华，京城汴梁“比汉唐京邑，民庶十倍”，“走卒类士服，农夫蹑丝履”，集市“通宵买卖，交晓不绝”。这说的是首都人流如织，大家服装华丽、穿戴不凡，而且很多贸易市场通宵 24 小时营业。

宋朝经济之所以有这样的成就，虽然业界有着更为复杂的讨论，但共识却都是宋朝经济政策更为创新、大胆，主要表现在以下方面：

（1）藏富于民的政治智慧

马端临在《文献通考》中说：“前人之立法，恶商贾之利而抑之；后人之立法，妒商贾之利而欲分之。”

意思是说，宋朝之前的朝代，都认定商人是比较低下的职业，大都主张抑制商业、压制商人。而宋朝之后的朝代，看到市场巨大的利益，就忍不住与民争利。

马端临话说得很明白，宋朝之前的朝代对商业不友好，之后的王朝也不好，与民争利，只有大宋时期恰恰好，无论对商人还是对市场的态度，都是最好的。

这里所说的好，到底好在哪里呢？其中最重要的一点就是宋朝政府拒绝与民争利，他们果断退出市场的直接经营，把更多的经济空间让渡给民间，而国家只行使监督权力，最后靠赋税作为收入。

于是，宋朝的官营企业不断收缩，民营企业不断扩大，尤其是宋代利益最大的瓷器、矿业、纺织、茶叶等行业，民营成了绝对的主力。到后来，官营企业干脆放弃不做了，通过“买扑”方式把官营企业出售，转为民间经营，实现私有化。

宋朝“买扑”制度，其实就是现在社会的“招投标”制度，大家投标，拍卖国有企业。很多人认为是英国人发明的招投标制度，其实是南宋人发明的，比英国早了很多年。

事实上，就连现代普遍的信托、证券、金融机构、商标、风投、金融中介等形式，其雏形在宋代时就已经出现了。

（2）土地私有制的快速推广

宋朝开始全面实行土地的“不抑兼并、田制不立”政策。“不抑兼并”，是指百姓有土地买卖、流转的自由，政府无权干涉，当时土地买卖非常自由，为经济发展提供了条件。

而“田制不立”意思是国家不再参与土地直接分配制度，土地私有化后，如果占有土地越多，那么缴纳的税也呈梯形增长，这样既可以提高国家税收，也可以避免个人拥有过多土地。

宋代“不抑兼并、田制不立”制度，很大程度上解除了对土地的限制，迎合了商品经济发展和土地私有化的要求，得到了百姓的认同。

而且，宋朝还借土地的买卖调节社会财富差距，贫富无定势、土地无定主，有钱就可以买土地，没钱就可以卖掉土地。这使得社会整体变得更加扁平化。

（3）商人的地位急剧上升

我国古代，把皇帝以下的人分成四等——士、农、工、商，其中商人处于最底层。因为儒家思想一直是封建时代的主流，儒学认为商人本性是逐利，这些经商的人都道德低下。

不单是儒家比较鄙视商人，连法家也是如此。法家代表商鞅、荀子认为，这个社会应由农民、士兵、官吏三种构成，农民负责耕种，士兵负责保护国家，官吏负责管理人民，除了这三种人，其他的人都是社会累赘。

荀子还说“士大夫众则国贫，工商众则国贫”，意思是士大夫、商人多了就会导致国家贫困。

荀子，想不到你居然是这样的人。

因此，宋朝之前的历朝历代都采用“重农抑商”的政策，处处抑制商人，甚至还限制商人的消费，不允许商人穿绫罗绸缎，不允许商人的后代参加科举考试，某些时期甚至连长袍也不让商人穿。

宋朝之前的年代，商人都过着低等、收敛甚至有点儿屈辱的生活，但到了宋朝，各种限制全部取消。宋朝提倡“四民皆本”，也就是说，士、农、工、商这四种人是平等的，都是一样的社会地位，都是国家之本。

对商人身份的认同，彻底解放了商人社会阶层的心理负担，让整个社会的商业开始繁荣起来，也才有了《清明上河图》里面的繁华景象。

（4）朝廷宽容的执政思想

宋太祖赵匡胤临终前，立下遗训，“使嗣君即位，入而跪读”，其戒有三：

一、保全柴氏子孙。

二、不杀士大夫及上书言事之人。

三、不加农田之赋。

这是太祖有名的三条遗训，第一：不杀柴氏子孙，柴氏就是前面讲到陈桥兵变时的皇帝家族，也许是心中有愧才做此规定，我认为这也是最具温情的一点了。《水浒传》中小旋风柴进就是后周皇帝之后，锦衣玉食，日子过得相当舒适，可见皇家待他不薄。

对于经济最有用的是后面，太祖规定：绝不能杀士大夫和进谏之人。结果，后代皇帝真的做到了，整个宋朝终其一朝，未杀一士，如苏东坡、司马光等人一直被流放，但始终没有被杀，这是没有任何一个朝代可以做到的。

而且，不杀进谏之人、广开言路这个规定，让整个宋朝的百官敢于在皇帝面前发表个人见解。所以，当时寇准才能那么有底气硬拽宋真宗御驾亲征。

第三点“不加农田之赋”，意思是不能给农民加税。这个实在太重要了，这是多少王朝都做不到的事情，这一条使得宋朝国内百姓安居乐业。有这个基础，才有后面的经济繁荣。

有了不杀士大夫这样的宽松政策,宋朝的思想活跃,从谏如流，让国家的政策变得愈加合理。而且，宋代无论皇帝贵族，还是思想家、文人雅士，对商业的支持都出奇地一致，不得不让人有些惊讶。

北宋时期重要的哲学家、思想家、改革家李觏认为，人们追求利益，是人性使然，只要合法合理，那就符合礼义道德。他呼吁国家支持商业活动，保护商人的权益。

苏东坡直言，商人是市场经济中的风险承担者，政府干预不仅剥夺了他们的应有回报，而且会挤压市场作为配置资源有效机制的作用空间，最终危害社会经济。

北宋宰相王安石认为“榷法不宜太多”，主张国家少出限制政策，应放宽对专卖产品的限制，让商人自由经营，让市场活跃，方可为国家增富。

范仲淹认为，商品流通非常重要，他否认商业是夕阳产业，个人主张行通商之法。他反对各种对于通商的限制，积极主张开放商业。

宋王朝的历代皇帝也十分给力，都一直不遗余力地支持商业发展，支持商人的活动，保护商人的利益。在各代帝王的努力下，宋朝几乎取消了对商业所有的不利限制。

而且，宋朝商人不再像唐朝一样，要求经商必须在集市，宋朝贸易在哪里都可以进行，集市、郊区、河边都可以，甚至在家里 SOHO 也行。

看出来了吗？宋朝商业贸易之自由，与今天只差一根网线。

宋朝还取消了夜市禁令，商业营业时间更加自由，愿意开到几点开到就几点。所以，宋代夜市十分繁荣，经常营业直至三更，甚至通宵达旦随便浪。

要不然，你也不会看到十里秦淮的夜夜笙歌，又怎么会有“蓦然回首，那人却在灯火阑珊处”的美好相遇呢？

（5）积极探索的海外贸易

随着宋朝造船技术的不断发展，逐渐打通了“海上丝绸之路”，海外贸易达到了一个新的高峰。海外贸易逐渐成为宋朝国库收入的一个重点。与中国通商的国家越来越多，包含波斯、三屿、占城、真腊、三佛齐、吉兰丹、渤泥、巴林冯、兰无里、斯伽里野、木兰皮等欧亚地区 58 个国家。广州、泉州、宁波等港口异常繁华，宋、辽、金、西夏等国之间，开辟了边境贸易市场，互相出售所产物品。

宋朝人喜欢吃牛羊肉，皇室御厨每年要买进契丹几万只羊，而民间消耗的羊肉更为巨量。这几乎都是通过边境的互贸市场来完成交易的。

为了吸引海外商人来贸易和经商，宋朝还专门设置了“蕃市”，类似今天的自由贸易区。同时还开辟了专门供外国商人居住的处所，叫“蕃坊”，还开设“蕃学”供外商子女接受教育。

宋朝的商业开放程度之高，远超过任何一个朝代。相比于唐朝，宋朝对于文化、商业更加自信，而社会包容性更强。

（6）稳定的内部政治体系

宋太祖赵匡胤以兵变立国。立国之后，他为了预防朝庭发生兵变，就以“杯酒释兵权”的方式收回了将领的兵权，赏赐厚金，让其解甲归田。这让大宋国内政治非常稳定，这也是宋朝没有发生过内乱的原因之一。当然，这也让大宋军事力量成为短板。

然后，大宋采取“重文轻武”的用官制度。重文，就意味着教育的大发展，所以在重视教育的理念驱动下，宋朝的文化教育得到了快速发展，宋词、诗歌、绘画、学术思想达到了中国文化的巅峰。

对于处理外敌入侵的方法，宋朝并未像汉武帝等人那样硬碰硬，而是采用和平谈判的方式。著名的“澶渊之盟”就是其中的案例之一，用缴纳岁币的方式赢得了和平发展的大环境。

当然，仁者见仁、智者见智。大汉有逐匈奴于漠北、封狼居胥的丰功伟绩，但战争也给百姓带来了深重的苦难。大宋有“澶渊之盟”的和解，虽然看起来有些软弱，但却给大宋带来近百年的和平。

但就当时的情况来看，宋、辽两国军事实力旗鼓相当，谁也灭不了谁，所以这样的战争只能是两败俱伤，这次和解无疑是最为明智的选择。几十万两岁银相对于战争来说，本来就不多，况且双方的贸易还让宋朝赚了四十万两银子。

“澶渊之盟”是明智的。黄仁宇说：“澶渊之盟是一种地缘政治的产物，表示这两种带竞争性的体制在地域上一度保持着力量的平衡。”

后来的皇帝宋徽宗为了收复燕云十六州，听信童贯之言，联合金国准备消灭大辽，也就是单方面撕毁澶渊之约。但这无异于与虎谋皮，失去大辽这个屏障，最后金兵长驱直入，最终灭掉了北宋。

钱钟书先生说：“在中国文化史上，有几个时代一向是相提并论的，文学就说‘唐宋’，绘画就说‘宋元’，学术思想就说‘汉宋’，但无一例外都要说到宋代。”

宋代以其卓越的国策、包容的态度、开放的方式开启了中国历史上的一代盛世。就经济、商业、文化而言，大宋闪耀的光芒远胜其他封建王朝。

第十八章

新加坡的绝地突围

应该说，新加坡的建国是世界上最传奇、最具戏剧色彩、最励志、最具正能量的故事。

一开始，新加坡和马来西亚都是英国殖民地。“二战”胜利后，英国元气大伤，对海外数量庞大的殖民地，管理起来有心无力。再加上美国不希望看到英国殖民地太多，暗中助推各个殖民地闹独立，以此逐步瓦解英、法这样的殖民大国。

1957 年，马来西亚宣布脱离英国的殖民统治，独立为东马来西亚国。几年后，东马来西亚又联合沙巴、新加坡等原英国殖民地的一些小国，共同组建“马来西亚联邦”。于是，新加坡成为马来西亚联邦里的一个小邦国。

不久后，马来西亚人开始感觉这么操作有大问题，因为他们发现，新加坡几乎全是华人，在新加坡进入联邦之后，华人就成了整个马来西亚联邦占比最高的民族。

如果马来西亚人比例一直低于华人，在未来选举时，拥有大多数选票的华人可能选出华人当总统。这意味着马来西亚联邦未来可能会被华人掌控，历来对华人比较排斥的马来西亚当权者当然不甘心出现这样的结果。于是，就出现了特别戏剧的一幕。

1965 年 8 月 9 日，在新加坡没有任何心理准备的情况下，马来西亚联邦单方面宣布新加坡脱离马来西亚。也就是说，新加坡直接被踢出群，成为一个孤立小国。

在剔除了新加坡之后，马来西亚人再次成为整个联邦国家人口最多的种族，占据数量优势、解除威胁的马来西亚人终于长舒了一口气。

而新加坡这边就比较尴尬了。他们一觉睡醒后，发现自己再也不属于马来西亚联邦，就像一个被父母赶出家门的孩子，无依无靠，也无处求助。

但大家心里都清楚，从此以后，这个国土面积小得可怜的国家，不得不独自面对整个世界。

新加坡面积有多小呢？它只有 719 平方公里，相当于北京市面积的 1/22，等同于边长为 27 公里的正方形土地，一辆时速为 120 公里的汽车，只需要 14 分钟就可以横穿整个新加坡。

孤苦伶仃、幼年不幸的新加坡，此刻不但没有任何矿产和资源家底，就连最基本的饮用水都没有，不得不从马来西亚购买日常生活用的淡水。

这看起来有点令人绝望，但就在这个关键时刻，新加坡人集体做出了一个非常明智的决定。他们经过商议和投票，选择了李光耀作为新加坡的第一任领导人。

李光耀是华人后裔。他以卓越的政治远见，融合东西方管理智慧，在困境中为新加坡打开了局面。他积极开展外交、推动经济改革与发展、成立廉政公署、进行教育改革，一路披荆斩棘，一手把新加坡变成了亚洲最繁荣的国家。

独立后的新加坡经济突飞猛进，一跃成为“亚洲四小龙”之一。如果以新加坡独立的 1965 年为起点计算，截至 2019 年年底，新加坡的 GDP 增长了约 380 倍，人均 GDP 增加了约 130 倍。

中国是世界上公认发展速度非常快的国家，如果同步比较，以 1965 年为起点，到 2019 年底，中国的 GDP 只增加了 200 倍，人均 GDP 增加 100 倍，比起新加坡的发展速度还有些差距。

截至 2019 年年底，中国的人均 GDP 为 10276 美元，而新加坡为 64600 美元。也就是说，新加坡人均 GDP 大致是中国的 6 倍，可以认为，新加坡国民平均比我们富裕 6 倍。

这个国土面积小、资源匮乏、缺乏淡水、基础薄弱、起步艰难的新加坡，是如何在绝境中完成转身，一步步发展成为亚洲经济强国的呢？对于这样一个同宗同源的华人国家，究竟有哪些是值得中国借鉴的呢？

1. 善用地理优势

世界上的货运海峡中，以马六甲海峡、苏伊士运河、巴拿马运河、霍尔木兹海峡最为有名，尤其是马六甲海峡对于中国的战略地位更为重要，因为经此进入中国的石油运输船数量最多，大约是苏伊士运河的3倍、巴拿马运河的5倍。

说马六甲海峡是中国的“海上生命线”也不为过。但由于它距离中国比较远，一旦出现战争等意外情况，经过此地的中国货船很难及时被中国海军保护，从而使能源供应受到巨大影响，这就是大家所说的“马六甲困局”。

新加坡正处在马六甲海峡的咽喉位置，而且也把这个位置优势应用到了极致。他们基于马六甲开辟了高规格的优良港口，再配以金融、转运、报关等一系列优良的服务体系，让这个海港的发展后来居上。

而且，新加坡还发展成了世界最大的集装箱码头，年吞吐能力为500多万标准箱，繁忙的码头同时促进了其国家餐饮、酒店、修船、维护等服务行业的空前发展，形成一个更为完整的服务体系。

到目前为止，新加坡港口的年吞吐能力达3亿多吨，已经超过荷兰的鹿特丹跃居世界第一大港。而且，在有了港口的优势之后，新加坡发现运输成本大幅度降低，于是，他们开始启动第二阶段的“工业计划”。

这就是“新加坡模式”中最重要的一环。他们从国外进口原料和半成品，经过高技术加工后，再通过发达的物流体系，销往全球，获得了丰厚的利润。

其中，最具代表性的就是炼油产业。新加坡本身并不出产原油，而是从中东进口原油，然后利用发达的炼油技术和工艺精加工，再向亚洲各个国家出售成品油。

目前，新加坡原油每年加工能力已超过7000万吨，与美国休斯敦、荷兰鹿特丹港并称世界三大炼油基地，每年的销售额达到380亿美元。

这个“进口原料、精加工出口”的策略和日本异曲同工。新加坡和日本都是资源匮乏的国家，显然这是不得已的策略，要想通过这个模式赚取利润，就必须拥有足够的竞争力，否则，买进卖出，只能是劳民伤财。

而且，以卫生闻名的新加坡，还是世界上著名的旅游胜地。2019年，前往新加坡的外国游客接近2000万人次，旅游收益达人民币1500多亿元。面积如此小的国家，居然可以创造如此大的旅游收益，不得不对其肃然起敬。

更让人惊讶的是，小如一个城市的新加坡，居然还把机场发展成为世界上最大的中转机场之一。20世纪70年代才建成的新加坡樟宜机场，经过多年的经营，目前已经成为新加坡高质量服务标志和对世界展示新加坡风采的窗口。

不但机场服务好，而且航空服务也领先世界。在每年一度号称“航空界奥斯卡”的Skytrax评选中，新加坡航空几乎年年都能排进前三名，在全球十大五星航空公司综合评分中，新加坡航空常常名列首位。

不得不承认，这是一个神奇的国度。

2. 廉洁高效的政府机构

新加坡国父李光耀曾表示，他最大的成就是“建立了一个清廉、能干、任人唯贤、专心为人民服务的政府”。的确如此，如果论最精简、最高效、最清廉的政府机构，世界上应该没有任何国家可以与新加坡比肩。

新加坡的政府精简到令人不可思议的地步。全国只有十几个部长。在目前的执政党人民行动党体系中，不但党内机构很少，而且党总部仅有十几个全职工作人员。

新加坡采用“高新养廉”，国家部长的年薪最高，大约为人民币1000万元。但高薪也有前提，除了工作的效率要求，还要求公务员必须绝对廉洁，所有官员都要无条件公布全部财产，任何无法说明来源的收入，一律被判断为贪污。

新加坡自从立国以来，从社会文化、道德、法律上对于腐败几乎是零容忍。其《公务员纪律条例》规定：公务员不能接受任何礼物和款待，若因公务接受礼品必须如实报告。价值超过50新元（约合250元人民币）的物品就必须交公，否则就以贪污受贿罪论处，将面临五年以上的有期徒刑，而且，还要没收之前累积缴纳的养老金、公积金。

1978年，新加坡一名部长被举报接受贿赂，事情被媒体曝光之后，全国震惊。不久后，这个部长被法庭判刑，最终他虽然接受了法律制裁，但依然无法解脱道德上的愧疚感，无法面对同事、亲人、朋友和全体新加坡人民，最后他自杀以表忏悔。

2005年，新加坡有位狱警收了罪犯的一包烟，大约价值15新元（约合75元人民币），发现后被指控犯有贪污罪。他被法庭判处罚款15新元、开除公职、监禁一年，永不录用为公务员。

更为严重的处罚还在后面，那就是还要没收之前所缴的社保和公积金。

可能大家还不知道没收社保和公积金在新加坡有多么严重，这里补充说明一下新加坡的社保金制度。

以这名狱警为例，他大约已经工作了 20 年，那么意味着他的公积金已经存了 200 万元人民币，加上利息累积，可能现在已经达到 300 万。但这次违法后，他的 300 万个人养老金被勒令上缴国库，老了可能没有钱用，只能领低保度日。

这个确实够狠，也足够有震慑力。新加坡法律还规定，一旦因为贪污被开除，政府将其拉入黑名单，此生永不录用为公务员。正是这样看似过度残酷的惩罚，才让新加坡成为世界上最廉洁的国家。

而且，在新加坡，不但受贿是严重罪行，行贿送礼也是重罪，而且判罚金额起点是零。也就是说，只要送了任何东西，不管值多少钱都是犯罪。

2009 年，新加坡一名司机交通违章。他私下给当时执勤的交警 20 新元，希望免于扣分处罚，这个交警连一秒钟都没有犹豫，立刻拿起呼叫器，举报司机行贿公职人员，结果这个司机遭到刑拘，被判入狱三周。

新加坡对于腐败的零容忍，还表现在举报制度上。每个人都可以举报，政府对举报者给予最严密的隐私保护，并给予不菲的物质奖励，这样让新加坡的腐败分子很难藏身。所以，新加坡贪污犯被抓的概率高出菲律宾 40 多倍。

李光耀曾说："其实，新加坡公务员的收入在全亚洲最低，甚至比缅甸公务员收入还要低。"听起来有点难以理解，其实李光耀话里有话，他的意思是新加坡公务员工资虽然高，但这些公务员没有特权、没有补贴、没有福利、没有灰色收入、不分房子，这么看来，新加坡公务员收入的确不算很高。

现任总理李显龙在电视论坛《我问总理》中曾经说，要让选民信任政府，关键是以行动证明"政府站在人民这一边，而不是对立面"。一个高度发达的国家，一定是廉洁、高效、开放的国家。

3．永不停息的科技创新

新加坡立国伊始，跟所有国家初建时一样非常缺钱，但这难不倒精明的华人。他们开启了一轮又一轮的招商引资运动。招商的路数全世界大都相同，就是以利诱之，比如减税、免税、低土地成本、水电优惠、房租优惠等。

为了吸引外商进来，新加坡大力进行城市改造，因为拥有完善的基础建设、优良的海洋港口、稳定的政治局面、开放的招商政策、良好的社会环境，全球外资企业纷至沓来。据统计，在新加坡外商投资的巅峰时期，外商投资占全国总投资的 80% 左右。

金融对于税收的敏感度极高。由于税收非常优惠，全球的银行开始往新加坡汇集。目前这里有接近 130 家全球大型银行的分支机构，银行总数仅次于纽约、伦敦、香港，成为世界第四大金融中心。

当然，新加坡引进外资也有自己的选择。他们更加青睐带着技术、资金一起来的企业，这样的企业在新加坡落地，不但解决了投资问题，还能够为新加坡带来新技术，也能帮助新加坡培养新技术人才和熟练工。

除了石油这样的加工企业，新加坡还有很多轻工业产品，一大批耳熟能详的品牌都来自新加坡，如大家熟知的新加坡航空、星展银行、凯德集团、CK、虎标万金油、虎牌啤酒、面包新语、雷蛇鼠标等。

创新，一直是新加坡的命脉，尤其是在这个微小国度里生存的人们，更能明白创新这个词语的重要性。

2006 年，新加坡开启了“智慧国 2015 计划”。政府投资了大约 40 亿新元，计划用十年时间，利用高端信息、通信技术等最新技术，将新加坡的商业、金融、制造、物流等用数字化技术汇集成一个有机系统，打造成一个无缝的智能化国家。得益于该项目，新加坡连续五年被列为全球经商最便利的地方。

为了让创新在新加坡生根发芽，新加坡几乎以举国之力推动科技创新。2014 年，推出总值 1 亿新币的“知识产权融资计划”，政府、银行承诺共同承担部分债务风险，帮助一些优质企业贷款开展经营，这样的好事估计只有新加坡才有。

新加坡政府还出资 10 亿美元，设立了“科技创业风险投资基金”，并推出“商业天使计划”。如果创业公司获得天使投资，即可申请政府种子基金 1 ∶ 2 配资，比如，你拿到 100 万的风投，政府就给你 50 万，最高可达 750 万人民币。不得不说，这对创业者太友好了。

另外，新加坡政府还投资设计打造一站式的“科技商务研发中心”，把银行、保险公司、科技公司、大学连在一起，为技术的研发、实践、产业化扫除障碍。

在完成自身的体系后，新加坡开始把目光投向海外，开始“走出去”战略，从引进投资变成出去投资。

1994 年，新加坡和中国开始合作，开启了“苏州工业园”项目的建设。新加坡应该是世界上最会经营科技园的国家，它的裕廊工业园就是世界级的典范。

新加坡对于工业园先进的理念和经营能力，很快就帮助苏州工业园成为中国最成功、最具科技感的工业园。以“规划好、国际化、效率高”的特点，苏州工业园逐步成为中国工业园之标杆。

2019 年，据国家级经济开发区综合排名显示，苏州工业园区在中国 30 个大型经济开发区中排名第一。

4．人才、社会保障体系

新加坡非常清楚，在这个面积小、资源匮乏的国家，只有人才可以帮助新加坡赢得未来。李光耀也曾说过：“新加坡唯一的资源就是人才。”

所以，从建国开始，新加坡就把培育人才、引进人才、留住人才作为一个国家战略。政府制定的“人力开发计划”，就采取“正规教育 + 职业教育”的模式，从两个角度为新加坡培养合适的人才。

一方面，他们与美国、日本、德国、法国等外资企业联合设置职业培训学院，让这些企业出师资，为国内培养高科技研发人员、技术工人。

另一方面，新加坡由国家投资开办大学，重金聘请海外专家、教授、学者和高级科研人员来授课，或是直接引进高级教师，给予永久居留权。

每年政府都会从高中毕业生中选拔“国家奖学金”获得者，送到国外大学学习，学成归国后，政府将保持持续跟踪测评，评估这些人才的级别，以确定未来的发展和方向。在新加坡内阁历任部长中，一大半都是用这种方式培养出来的。

不但需要培养人才、引进人才，更重要的是能留住人才。新加坡认为，住房是吸引人才、留住人才的关键，政府投资建造了大量标准化住房，新加坡人称之为“组屋”。

政府建好“组屋”后，以非常低的价格卖给符合条件的新加坡民众。政策还规定，一户只允许购买一套，若干年后可以转让，但是不能以此投资赚钱。

50年来，在一个400万人口的国家里，新加坡政府已经累计建造了100万套这样的住房，新加坡82%的人口都住在公共“组屋”里。

如果富裕阶层有更高需求，则可以自由购买市场定价的商品房。“组屋”政策确保了中产阶级都拥有高质量、低价格的住房，不受市场高房价困扰，这对新加坡留住人才起着至关重要的作用。

如今处在高房价的中国，也可以参考这样的做法。

1968 年，新加坡推行“强制储蓄”养老体制，规定企业员工必须将工资的 40% 存入个人强积金账户，企业也会以一定比例补贴存入。中国如今实行的“五险一金”制度，事实上也是借鉴了新加坡制度。在全球养老都面临着巨大挑战的时候，新加坡已经很好地解决了老有所养的问题。

新加坡的医疗保障效率非常高，虽然医疗开支只占 GDP 的 3%，远低于美国的 16%、英国的 8%，但却很好地解决了全民免费医疗的问题。这跟新加坡机构精简、办公智能化、机构成本低有着非常大的关系。

目前，中国很多二三线城市，为了吸引人才、留住人才，都会从住房、户籍等多方面动脑筋。很多城市一直都在学习借鉴新加坡模式，但借鉴过来的这些政策是否具有连续性，那就另当别论了。

5．打造全球总部中心

据新加坡《联合早报》4 月 6 日报道，高纬环球发布“亚太区域总部”报告显示，在新加坡、中国香港、中国上海、悉尼、东京、中国北京六个主要亚太城市中，新加坡凭着有利于企业经商和监管环境的优势，成为跨国企业设立区域总部最具吸引力的城市。

据统计，共有 4200 家企业的亚太地区总部在新加坡，排在第二位和第三位则为香港和上海，分别有 1389 家和 470 家区域总部。新加坡可以说是当之无愧的亚太地区总部中心。

新加坡既是通往东南亚市场的主要门户，也紧密连接着印度和中国，地理位置非常优越，这是其成为亚太地区中心的优势之一。当然，地理位置只是基础条件。

更为重要的是其优惠的税收、发达的基建、完善的法制、宽松的商业环境、包容的文化、清新的空气、高质量的人才会聚，这才是跨国公司成立总部的必要条件。

新加坡近年来积极扶持裕廊商业区、樟宜商业园、巴耶利峇中心的发展，再一次吸引全球跨国制造企业来新加坡设置亚太地区总部。

除了总部中心，新加坡还有成为国际金融中心的野心。从 20 世纪 70 年代开始，新加坡就雄心勃勃打造亚洲的金融聚集地，其股票、债券、资产管理、离岸银行、外汇交易等在整个世界金融版图中均有举足轻重的影响。

新加坡股票交易所是世界上最国际化的交易所之一，整个市场拥有近 750 家上市公司，总市值为 1 万亿美元。新加坡外汇离岸交易中心异常活跃，外汇市场 24 小时交易。1992 年，新加坡超过瑞士成为全球第四大外汇市场，仅次于纽约、伦敦和东京。

新加坡成功的意义，并不只是其发达的经济、富裕的国民，而是它给全世界的发展中国家和落后国家做出了一个成功逆袭的榜样。

他们在孤立无援的情况下，绝地突围而生，用50多年的艰苦奋斗，向全世界证明：即使是年轻、资源贫瘠的国家，只要方法得当，也能以不可思议的速度成为发达国家。

第十九章

经济困局：脆弱的欧洲联盟

1．苦难的欧洲史

“天下大势，分久必合，合久必分”，世界上没有哪块土地像欧洲这般纷乱复杂。

欧洲最早是神秘的古希腊悄悄崛起，但他们还没来得及讲完神话故事，就被充满荷尔蒙的罗马帝国挑落马下。

遍地都是肌肉男的罗马时代，大家生活奔放、暧昧放纵，不但自己爱打架斗殴，还开辟了斗兽场，观看人和动物死磕，最后终于把自己给玩死了。

随后罗马帝国一分为二。公元前 476 年，西罗马帝国灭亡，宣告了罗马时代的终结，欧洲开始进入黑暗的中世纪时期。

中世纪的欧洲被宗教势力掌控着，教皇权力通天，人挡杀人、佛挡杀佛，只要是挑战教会权威和统治的都得死，于是哥白尼、布鲁诺等人一个都没逃脱教皇毒手，全都惨遭迫害。

终于，在美第奇家族的努力下，文艺复兴帮助苦难的欧洲走出黑暗，随后欧洲内心小宇宙爆发，搞出了一系列科学发明。以地理大发现、宗教改革、民族国家的崛起为标志，欧洲进入近代时期。

但还没舒服几年，欧洲在 1914 年再次沦为战场，陆续经历了第一次世界大战、第二次世界大战，纳粹法西斯平地崛起，犹太人被大量屠杀，整个欧洲一次次血流成河。

1991 年，苏联解体，美国成为世界唯一超级大国，东德、西德之间的围墙倒下，德国统一，欧洲翻开了全新的一页。

现代的欧洲国家小而多，货币也不统一，各国居民自驾游稍不留神就可能进入其他国家，然后需要不断地兑换这些小国家的货币，各个货币之间汇率又比较混乱。总之，在欧洲做生意、旅游都非常不方便。于是，将欧洲统一的想法开始慢慢出现。

1992 年，欧盟成员国签署了欧盟条约。

1993 年 11 月 1 日，《马斯特里赫特条约》生效，欧洲联盟正式成立，无数个碎片小国的欧洲，再次聚集成一个整体。

欧盟的六个创始成员国为德国、法国、意大利、荷兰、比利时、卢森堡；现拥有 28 个会员国，正式官方语言有 24 种。

2002 年 1 月 1 日，欧元正式流通；3 月 1 日，欧元成为欧元区国家唯一法定货币。

这里需要说明一下，“欧盟区”和“欧元区”是两个概念，有些国家加入了欧盟，但并未加入欧元区，还是使用自己的货币，比如英国，它是欧盟成员，但依然使用英镑，而不是欧元。

刚刚团结了不过 20 多年，欧盟又开始出现分裂迹象。2018 年 6 月 26 日，英女王批准英国脱欧法案，允许英国退出欧盟。

欧洲这几千年，都在重复分分合合的游戏。据说，瑞典、丹麦、希腊等国也蠢蠢欲动纷纷想离开欧盟，这个欧盟不得不面临一个尴尬的难题：为什么大家都要离开我？

2. 祸起希腊

许多年以后，欧盟可能会后悔当年草率地接纳希腊的加盟，正是这个弱鸡小兄弟，搞得气势如虹的欧盟寝食难安。

希腊是个小国，直到 2001 年才申请加入欧盟，但加入欧盟并不是打打卡就行，而是有条件的，其中有两个硬指标：国家的财政赤字不能超过 GDP 的 3%、负债率必须低于 GDP 的 60%。

希腊小弟回去悄悄看了看自己的财务报表，发现自己国家的财务状况比较糟糕，以至于没有一样是符合标准的，而且差得还不是一星半点。这可愁坏了希腊。

希腊本也是文明古国，但最近几百年过得比较潦倒，此刻正希望抱个大腿过几天好日子，而欧盟大哥也是唯一能指望得上的靠山了。无奈自己资质差太多，连门槛都够不上。

怎么办？一不做二不休，希腊决定找个高手来操作一下，修改一下财务报表，看看能不能蒙过欧盟。

俗话说，“重赏之下必有勇夫”。这时，一江湖高人应声而出，这就是美国著名的投资银行——高盛。高盛听完希腊的诉求，笑着说兄弟这简直太小意思了，这个虽然有难度，但是兄弟我刚好可以搞定，你放心，让我来处理就好。

于是，高盛通过设计，为希腊进行了一笔大额度的秘密贷款，提供了一套“货币掉期交易”方案，同时通过 CDS 信用违约互换把德国银行绑定在一起，成为一整套既让希腊增加财富又不使负债率上升的方法。

具体的方案细节很复杂，在此不详细描述。总之，你可以简单理解为高盛公司帮希腊做假账，搞定了国家财务报表不合格的问题，使希腊一夜之间符合了欧元区成员国的标准，从而顺利蒙过了欧盟的审查。

当然，高盛也不会白白辛苦，这笔希腊的业务让他们共拿到 3 亿欧元的辛苦费，希腊这次可真是国家级的“知识付费”。

果然，希腊顺利通过了欧盟的财务审核，加入了欧盟。高盛成功帮助希腊之后，西班牙也如法炮制，让高盛一手搞定了自己债务不合格的问题，顺利加入欧盟。

但是，假的就是假的，虽然希腊拿到了欧盟的入场券，但此后的经济发展和 GDP 可没办法一直骗人。

希腊经济竞争力不强，主要靠旅游业来支撑，但旅游业近年来也不断下滑，国家只能不断借债度日。看着文明古国变成今天这个样子，真有点英雄迟暮的伤感。

这时候，世界正义的化身——国际评级机构实在看不下去了，决定代表月亮来消灭希腊，这些国际评级机构不代表任何国家，只代表自己的专业性，对国家、国际企业等的财务情况做出自己的判断，非常具有可信性。

2009 年 12 月 16 日晚间，全球最权威的国际评级机构——标准普尔宣布，将希腊的长期主权信贷评级下调一档，从“A-”降为“BBB+”。

这是什么意思呢？这是相当于告诉全世界：各位兄弟，希腊越来越穷，基本快破产了，他可能没有能力还债，大家不要再借钱给希腊了，已经借钱的各位，赶紧去找他们要回来。

看热闹不嫌事大，另外一家重量级评级机构——惠誉国际信用评级，也将希腊主权信用评级由“A-”降至“BBB+”，相当于“同意楼上”的说法。

这一下可不得了，立刻在全球引起轩然大波。第二天，全球的资本迅速做出反应，首先就反馈在股市上，这两家机构的评级下调引发了希腊股市狂跌。

大家此刻才发现，原来希腊的财政赤字占 GDP 的比重居然已高达 12%，远远超过欧元区设定的 3% 上限。希腊债务占 GDP 的比重则高达 110%，同样远远高于欧盟规定的 60% 上限。

纸里包不住火，希腊问题暴露出来后，整个欧盟都为之震惊，希腊债务危机情绪很快就在整个欧元区扩散开来。为了规避风险，大量在欧元区投资的国际投资人开始撤离欧元区，欧元开始快速贬值，整个欧洲弥漫着恐慌的气氛。

但是事情还没有结束。四个月后，标准普尔再次下调希腊主权债务评级至 BB+ 级，又少了一个 B。

这几乎是宣布希腊的国家债务属于“垃圾级”债券，意思是这个国家彻底还不上钱了，不知道它属于湿垃圾、干垃圾、厨余垃圾，还是其他垃圾。

事情搞到这个地步，作为家长的欧盟被迫出来摆平这事，要不然整个欧盟都要被希腊债务危机的冲击波荡平了。

2009 年 12 月 11 日，欧元区财政部长同意拿出 300 亿欧元救助希腊，但 300 亿元对于希腊的大窟窿来说，只是杯水车薪，而且未来希腊还有越来越多的债务即将到期，需要偿还。

2012 年 2 月，欧元区财长会议再次批准对希腊的第二轮救助计划，总额为 1300 亿欧元。由此，希腊将能够偿还当年 3 月份到期的债务，避免违约。

欠债还钱、天经地义，希腊看似还了钱，但这是借欧盟的钱还其他国家的钱，最后还得还给欧盟，这是典型的“拆东墙补西墙”。债务依然在，最终还需要发展自己的经济，才能彻底解决债务问题。

虽然希腊经济并不发达，但社会福利却非常好。事已至此，希腊政府希望削减国民福利，号召全国人民过过苦日子，节约的钱用来还债。

但希腊人民却不买账。政策宣布后，几乎希腊全国人民都涌上街头，游行示威，反对政府削减福利，甚至要求总统下台。

欧盟作为家长，给了希腊两条路选择：要不你希腊政府降低社会福利标准，我就同意贷款给你；要不你继续坚持高福利社会，我不贷款给你，你躺着等死。

问题来了，如果希腊总统宣布降低福利，全国人民就开始游行造反，总统就要下台。下一位总统如果继续削减福利，那就继续要下台。所以，削减福利是个死循环，短期内基本无法实现。

希腊政府左右为难，一方是严厉的家长，一方是不懂事的娃儿，家家都有一本难念的经，想想就能理解，这个希腊总统当得多么煎熬和憋屈。

这时候，希腊政府高层开始出现退出欧元区的呼声，因为希腊退出欧元区，就可以不受限制地自己印钱了。现在只要还在欧元区，自己国家发行多少欧元就需要欧盟央行通过才可以。

如果可以自己印钱就不同了。对于希腊民众来说，就意味着另外一种伤害：降低福利你们不同意，我现在多印钱，让社会开始通货膨胀，最后还是你们所有民众买单，这下你总没办法了吧。

看起来办法很好，但前提是离开欧盟，而离开欧盟大腿，如果加印钞票导致恶性通货膨胀怎么办呢？那个时候没有大哥救，岂不是要变成下一个津巴布韦。

这些年，希腊真是太难了！而且，希腊这次危机还把自己的一个邻国拉下了水。

3．塞浦路斯经济危机

被希腊债务危机拉下水的国家是塞浦路斯。它是欧亚交界处的一个岛国，位于地中海东部，面积为 9251 平方公里，人口不到 100 万人。其在地理位置上属于亚洲，但在文化、政治上又是欧洲的一部分，于 2004 年加入欧盟。

塞浦路斯曾经也是富甲一方的辉煌国家，巅峰时期被世界银行列为高收入经济国家，被国际货币基金组织列入发达国家。

塞浦路斯的金融监管体系宽松、税率极低，加之塞浦路斯学习了新加坡、冰岛、迪拜模式，大力发展离岸金融，以较高的存款利息吸引了海外人来存款。据说，塞浦路斯的存款大部分与犯罪、贪腐有关。

塞浦路斯银行获得存款后，并不会让这些钱在地下金库躺着，他们必须去投资项目赚钱，于是就把这些存款大量投资于海外高收益、高风险的资产类别。但它的运气显然不好，因为他们买入了大量希腊国债。

为啥要买入希腊国债呢？这里需要提及一下塞浦路斯与希腊的历史渊源。塞浦路斯77%的人口是希腊族，语言和信仰极为相似，也就是说，塞浦路斯整个国家大部分是希腊人，所以希腊在塞浦路斯进口国中位列第一位。

所以，在很多事情上两个国家都是互帮互助。当然，希腊发售国债这么重要的事，塞浦路斯肯定是义无反顾地支持。结果，希腊不太争气，希腊债务危机爆发后，凡是购买了希腊国债的国家，几乎都损失惨重。

而且，塞浦路斯还给希腊国内的企业大量贷款，希腊经济危机导致这些企业大量倒闭，年底一算账，塞浦路斯发现投资到希腊的钱损失大半。没办法，受到牵连的塞浦路斯的银行难以为继，也开始向欧盟央行寻求帮助。

塞浦路斯：妈，我没钱了，最近投资亏了好多钱。

欧盟央行：投资啥亏了？

塞浦路斯：投的希腊国债，别说利息，本都快没了。

欧盟央行：该！

塞浦路斯：你怎么这么说我。

欧盟央行：我早跟你说，不要天天跟希腊混在一起，现在好了。

塞浦路斯：后悔来不及了，你帮帮我。

欧盟央行：可以，但有个条件，你必须自己也拿出58亿欧元。

塞浦路斯：我哪里有钱啊。

欧盟央行：自己想办法。

欧盟"央妈"要让塞浦路斯自己出58亿欧元，但国库也没钱了，怎么办？塞浦路斯忽然灵光乍现，对啊，我这银行不是有全世界存进来的钱吗？我去薅点那些富豪储户的羊毛不就可以了嘛。

于是，塞浦路斯决定对这些存款储户征税，最后终于成功筹集了58亿欧元。这一波操作确实有点不要脸，但由于这些储户大都是罪犯和走私犯，钱也是非法所得，此时如刀俎之上的鱼肉，没办法也只能忍气吞声接受宰割。

但是，开了征税这个不好的头，那些原来非常相信塞浦路斯银行的富人，再也不敢存钱到这里了，害怕如果再次出现严重的经济问题，搞不好本钱都拿不回来了。

于是，在人们对塞浦路斯银行业产生了恐慌和质疑下，不少储户都开始去银行取回自己的存款，转移到其他更为安全的银行，比如瑞士银行等，这不就是熟悉的“挤兑”吗？

为了预防更大的麻烦，塞浦路斯银行采取了限制取现额度，虽然及时采取措施，没有出现挤兑现象，但这次危机却重创了塞浦路斯的银行业和国家信誉。

此后，老储户慢慢取走现金，新储户不敢再来，塞浦路斯的银行利润逐年下滑，信誉下降的塞浦路斯银行业再也无法像之前那样躺着赚钱了。缺乏实体经济支撑的塞浦路斯，开始出现经济下行、失业率上升、贸易下降，整个国家经济进入一片颓势。

塞浦路斯虽然没有发生经济危机，但离债务危机也只是一步之遥。谁知道之后欧盟里还有多少个希腊和塞浦路斯呢？

4．英国：我要离家出走

2013年，英国首相卡梅伦为了赢得大选，迎合了当时国内民众对欧盟抱有的怀疑态度，承诺如果自己赢得选举，将会在2017年底进行公投，让英国人自己决定是否继续留在欧盟。

顺利当上首相后，英国人时刻都没有忘记公投脱欧这件事，卡梅伦也不得不履行自己的承诺。2015年11月10日，卡梅伦发表重要讲话，称如果欧盟不能满足英国的四个要求，就要考虑退出欧盟。

第一，欧盟的“欧元区”国家和“非欧元区”国家待遇要一样，因为英国是“非欧元区”国家。

第二，欧盟要有实际的方案，在未来强化欧盟在全球的竞争力。

第三，要扩大欧盟成员议会的权力，而且用法律的形式允许英国可以不站队，不加入任何欧盟内部的政治小团体。

第四，允许英国自主决定，是否允许难民进入自己国家，而且进入的数量也由英国自己控制。

随后，欧盟峰会召开，经过各方多轮博弈，英国并没有争取到他们想要的这四项权利。于是，卡梅伦宣布 2016 年 6 月 23 日就英国是否退出欧盟举行全民公投。

公投结果显示，大部分英国人民同意退出欧盟。但就在这个关键时刻，卡梅伦宣布辞去英国首相，把这个烂摊子丢给下一任女首相特雷莎 · 梅。

60 岁的特雷莎 · 梅临危受命，上台后的第一件事就是处理脱欧事务。然而，英国各方一直无法达成共识，英国内部出现的“软脱欧”和“硬脱欧”两个派系。

以保守党为首的“软脱欧”派主张好聚好散，这样即使分手了，还能和欧盟做朋友，还能享受欧盟给的优惠和关税互免的特权。这有点像既想和男朋友分手，还想着以后蹭他妈做的饭。

而以特雷莎 · 梅为代表的“硬脱欧”派则希望彻底脱离欧盟，与美国结盟。也就是“无协议脱欧”，主张和欧盟恩断情绝、划清界限。分了就是分了，一别两宽、各生欢喜。

最后，历尽艰辛的特雷莎 · 梅虽然与欧盟签署了脱欧协议，但未能获得英国国内的支持，脱欧协议在议会三次投票都没有过关，导致脱欧一再延期。

2019 年 6 月 7 日，特雷莎 · 梅更是因为脱欧协议威信受损，重压之下，特蕾莎 · 梅辞去英国首相职务。她是被“脱欧事件”拖累的首相，不得不从英国的政治舞台黯然离场。

为何英国如此想要离开欧盟？即使以两个首相下台的代价，也还要执意地坚持呢？这牵涉到诸多复杂的原因：

（1）骨子里的孤狼性格

回顾欧洲纷乱的几百年进程就会发现，只要不涉及英国商业利益、领土安全、海外贸易、文化宗教等核心利益，英国人基本都会选择坐山观虎斗。

英国人信奉一种维持平衡的哲学,所以英国一再对欧盟表示，自己不站队、不加入小圈子，也是骨子里“孤狼”性格的反映。

但是，一旦出现威胁到英国安全和利益相关的事务，英国又会联合周边力量，进而削弱强大的对手。在苏联最强的时候就联合美国遏制苏联；法国最强的时候，就联合其他力量遏制法国称霸。

原来，这个孤傲的绅士国家，从头到尾都喜欢独行天下，不喜欢结盟，难怪在欧盟里很难受。

（2）不做大哥好多年

大英帝国可是世界上曾经的“日不落帝国”，当时的殖民地可以说是遍布全球。巅峰时期的大英帝国，殖民地多得自己都数不清，一度占据地球陆地面积的三分之一。

这个当年雄霸天下的大英帝国、无比风光的带头大哥，虽然如今能量不再，但骨子里可能依然觉得自己应受万人敬仰、四方来朝。而现实中，英国却不得不与希腊、塞浦路斯等欧洲小国家平起平坐，须看欧盟大哥德国的眼色行事。

当然，英国的这种感受不难理解。这可能是英国想脱欧、离家出走的重要原因之一。

（3）欧盟法律损害英国利益

既然加入了欧盟，英国就不得不在产品标准、法律标准、工会标准、税收政策等各个方面与欧盟保持一致。但这并不是好事，这些新政策不但让英国的企业负担加重，还让这些企业自由度受到很大限制。

英国经济评论家表示：欧盟的金融交易政策，严重损害了英国发达的金融行业，陡然增高的金融交易税让很多国家的金融机构撤离英国，以避开英国加入欧盟后日益增加的交易税成本。这让英国原本繁荣的金融服务业受到极大的挑战。

类似的政策还不少，这些影响完全超过英国当初加入欧盟时的预估，加之近年来英国经济增长停滞，这使得一些上流社会集体支持脱欧。这也是英国脱欧的另一个重要原因。

（4）数量巨大的份子钱

说起这一点英国就非常郁闷了。自从加入欧盟后，不但权力被老大德国占着，这让当惯大哥的英国本身就有点儿难受，而且，各个小国家接二连三出现债务危机，为了拯救那些不争气的小弟，英国出了不少份子钱。

另外，欧盟机构也需要经费来维护。欧盟规定，每个国家需要拿出每年 GDP 的 1% 上缴到欧盟总部，这些钱用于欧盟机构的运营费用，以及资助各个成员国的贫困山区、抗洪抢险、救灾救难等突发的情况。

以 2018 年英国的 GDP2.83 万亿美元计算，英国应该上缴 283 亿美元，仅此一项，就相当于英国人民每年人均都需要支付 428 美元的成本。这也是很多英国人在公投中投票的一个重要因素。

这么看来，英国是好处没捞着，份子钱倒是出了一大堆，你说英国全体人民能答应吗？所以，日子本来就没有多么顺利的英国人，急切希望摆脱这个大坑。

（5）频发的债务危机

整个欧洲的危机像是在玩一个下蹲游戏："希腊蹲，希腊蹲，希腊蹲完塞浦路斯蹲。"接二连三的债务危机、经济危机一直困扰着欧盟。英国《经济学家》杂志描述："我们很难记得欧洲在什么时候没有深陷经济危机，欧洲已成为经济危机噩梦之地。"

频繁爆发的经济危机，让欧盟再也无法给予这些成员国以安全感。英国还算有点儿小聪明，当初加入时只加入欧盟，不加入欧元区，坚持维护自己独立的货币体系。

目前看来,英镑依然处于坚挺状态,这是英国当初正确的决定。当然，这也为英国脱欧埋下了伏笔。

（6）移民、难民问题

这是另外一个令英国非常头疼的问题。加入欧盟后，这些欧洲国家护照互通，相对于其他欧洲国家而言，英国经济更发达、基础设施更好、就业机会更多。于是，欧盟其他国家每年都有几万人移民英国。

如此多人进入英国，让英国的治安、医疗、教育、就业遭遇到了极大挑战。据调查，大部分英国居民都认为移民影响了自己的就业和生活质量。

欧盟国家之间移民好歹还算是自己人，但难民就不同了，来自中东国家的大量难民，对英国社会造成了巨大的冲击。

在复杂的政治经济环境、地缘政治危机、地理因素中，来自众多国家的复杂的难民群体，不但让英国的救济遭遇压力，而且还滋生了恐怖主义、毒品泛滥等问题。这也是英国人民呼声最高、全国最具共识的一点。

5. 欧盟的未来预测

2020年1月31日23点，也就是北京时间早上7点钟，英国正式脱离欧盟，向并肩47年的盟友们说再见，也为历时3年多的脱欧历程画上句号。

那么，历经磨难的欧盟现状如何呢？目前来看，自从塞浦路斯牺牲了银行储户的利益挽救了自己的金融危机后，整个欧盟的债务危机渐渐消停下来，似乎进入了一个相对平稳期。但这只是表面，内部其实暗流涌动。

欧盟的GDP增速从2017年的2.4%下降到2018年的1.9%，欧盟二当家法国依旧毫无起色，老三意大利下滑态势明显，整个欧盟的未来充满不确定性。

2018年，欧盟老大德国的经济算是增长了1.4%，但低于2017年的2.2%，原因是工业生产和出口下滑，特别是汽车的碳排放要求提高，成本增加价格上升，出口量受到很大影响。

二哥法国的日子也很难过。2018年，法国巴黎爆发50年来最大的骚乱，起因是抗议政府加征燃油税，首日逾28万人参与。抗议持续多日，重创了法国经济，导致法国GDP只增加了1.5%。

老三意大利2018年的国内生产总值只增长1%，是本地区增长率最低的国家。而且财务数据表明，意大利也处于经济危机的边缘，再加上2020年欧洲也是新冠病毒最严重的地区，经济形势面临极大的挑战。

民调机构易普索公布对8个欧盟成员国的民众调查，结果显示，45%的民众希望能像英国一样通过公投决定是否留欧。英国脱欧已经引发恐慌，可能最终会打击欧洲一体化进程。

人们都在思考，欧盟的未来在哪里？

让这个来之不易的联盟成长为一个超级大国，这是留给欧盟领导者的挑战。在这里，我试着大胆预测一下未来欧盟可能即将发生的变化：

英国与欧洲彻底决裂后，将与美国保持更为长久的联盟关系，英美经济、政治大联盟再次出现，同时英国将会因为难民问题引发一系列的安全危机。

如果疫情没有好转，意大利将是下一个爆发债务危机的国家。这个国家的经济、债务问题日益凸现，而且经济发展长期处于停滞状态，国内安全、法制问题将会日益严重，有可能是继英国之后的第二个脱欧国家。

之后，会有一些小国相继脱离欧盟，而欧盟大哥德国、法国将会带领剩余的欧盟国家继续前行，逐渐形成一个更加紧密的新欧盟。这个新联盟将会在制度、福利等方面完美统一。

未来，穆斯林将会让欧洲的部分小国家再次团结起来，形成一个与欧盟体量相当的“穆斯林联盟”。此时的欧洲可能已经分为三块，英国、新欧盟、穆斯林联盟呈三足鼎立之势。这种格局将可能稳定地持续很多年。

而后，一些小国家脱离欧元区后，失控的货币政策可能会出现严重的通货膨胀。这种恶性通货膨胀最终可能导致这些国家经济彻底崩溃，最后不得不再次放弃本国货币，回归到新欧盟。

一切都是未知数，欧洲的未来变幻莫测。这个曾经产生过灿烂文明的地方，终究会以一个更好的方式找准自身的定位，一切将留给时间来验证。

小白经济学

第六部分 经济学家爱吵架

经济学家与政治哲学家的想法，无论是对是错，其影响力均超过一般人的理解。自认能够完全不受知识影响而偏重实务之人，其实经常是某些已故经济学家的奴隶。

——J.M. 凯恩斯

第二十章

盐和铁的诱惑

公元前 81 年 2 月，距今 2102 年的一个春天。

西汉京城长安，看起来跟去年也没有什么不同，山上春芽怒放，河中冰雪融化，一切都呈现出生机勃勃的样子。

但这个春天却将注定被写进历史。西汉全国多位民间代表组队来到了京城，将与西汉大臣代表们面对面来一次辩论大对决。

民间代表队包含贤良文学、民营企业家等 60 多人。贤良，在汉代指那些品德端正、道德高尚之人。文学，本来是孔子教学中的“德行、言语、政事、文学”四门必修课之一，在汉武帝“罢黜百家、独尊儒术”后，文学就指专门研究儒家经典的人。

而朝廷代表队则是御使大夫桑弘羊、丞相车千秋等大臣组成，这次主要的辩论主题是：盐和铁，到底是由国家垄断经营，还是市场化自由经营。

为了让大家能够更清晰地了解这场大辩论，有必要在这里给各位赘述一下这次大辩论的时代背景。

当时汉文帝已经去世6年，雄才大略的汉武帝16岁登基，然后便开启了战斗模式，大胆起用卫青、霍去病等年轻人，深入漠北，横扫匈奴。

他采用董仲舒的建议，“罢黜百家，独尊儒术”、攘夷拓土、国威远扬、东并朝鲜、南吞百越、西征大宛、北破匈奴，开创了汉武盛世的局面。而且他还开辟了丝绸之路，在新疆轮台、渠犁屯田，设立边疆办事处。

但长年的征战几乎败光了“文景之治”积累下来的大量财富，人民赋税不断增加。汉景帝时，人民还是低税率，最后一路狂飙到民间不堪重负为止。

但是，汉武帝依然觉得收税聚财速度太慢了，再加上税赋如果太多，民间怨言不断，这需要想个更快、更隐蔽的聚财办法。于是，在御史大夫桑弘羊的建议下，一个增加国库收入的新办法产生了。

首先，大汉朝廷收回铸币权，自己铸造货币。以前货币铸造权一直分散在各个郡国，同时也存在民间私铸货币现象，汉武帝宣布统一由国家铸币，废除之前的货币，新版“五铢钱”成为唯一合法货币。也就是说，全面收回货币铸造权以后，相当于朝廷垄断了货币铸造权，以后想发行多少钱就看皇帝的心情了。

其次，朝廷宣布盐、铁、酒改为国家垄断经营，只准朝廷卖，民间一律不准卖。盐、铁、酒这些是民生必需物资，按照现在的话说，这是妥妥的“刚需物资”，如果实行垄断经营，国家就可以独吞巨大的利润。

第三，朝廷颁布“算缗令”和“告缗令”政策。“算缗”就是提高征收商人财产税，隐瞒不报或自报不实者，没收全部财产，并罚去守边疆一年。“告缗”是一个更狠的招数，这是鼓励大家打小报告，告发身边富人偷税漏税，如果查出这个人违法属实，就把没收来的财产一半赏给告发者。

据《汉书·食货志》记载，经过“算缗”和“告缗”两大措施，汉朝廷“得民财物以亿计，奴婢以千万数，田大县数百顷，小县百余顷，宅亦如之”。

意思是说：国家收缴了无数的钱财、奴婢，较大的县会没收几百公顷的田，即使小一点的县也有一百多公顷，房子等什么的那是非常之多。

于是，在全国一片告发左邻右舍的运动中，国家税收猛涨，没收的财产堆积如山，全国很多拥有财富的商人大都光荣地为国破产。汉朝廷倒是变得很有钱了，但因为告密运动，邻里关系却都搞得非常紧张。

这次运动导致很多人破产后，不得不上吊自杀而免于还债，债主自己也有欠债，一看不行也跟着上了吊，这个恶性循环让情况越来越严重，最后汉武帝连自己都有点看不下去了。

公元前87年，汉武帝丢下一个经济烂摊子，还有一个只有8岁大的小太子，恋恋不舍地走了。

临终之时，他将自己的年幼太子托付给5个大臣，分别是大司马霍光、丞相田千秋、御使大夫桑弘羊、左将军上官桀、车骑将军金日磾。

宫斗戏看多了以后，大家都知道皇宫肯定是比较复杂的，如果哪一天太平静了倒显得不太正常。是的，这五个男人也如预期一样也陷入了复杂的宫斗环节。

其中以霍光势力最大，霍光是霍去病同父异母的弟弟，被哥哥带进宫里后，皇帝对其信任有加，一路升官加爵平步青云，最后官至大司马，可以说是一人之下万人之上。

当然，霍光也是个有趣的灵魂，他平时喜欢搞搞小发明，据说他可能发明了世界上最早的内裤，还给宫里人均发一条样品，然后还很认真地多次回访太监、宫女的试用体验，现在想想他一本正经地搞发明、回访客户的场景也是别有一番风味。

这个霍光权力欲望极强，非常想控制整个朝廷，而在托孤大臣中，其他几个人都比较佛系，只有桑弘羊非常有想法，所以，桑弘羊就成了霍光大权独揽的绊脚石。

霍光一直想要扳倒桑弘羊，这次“盐铁会议”本质是霍光在谏大夫杜延年的建议下，向桑弘羊发动的一次政治进攻，因为会议上讨论的这些政策，其背后的制定者正是桑弘羊，霍光希望借民间代表之力扳倒桑弘羊。

但是,正是这个会议,无意中开启了中国最早的经济学大辩论。现在我们回到盐铁会议的直播现场，此刻会议的主持人是丞相田千秋先生，他一身华丽衣服、表情祥和。

本来计划好的是讨论盐铁专营的问题，但辩论开始后，话题多次跑偏，最后扩展成为一个涉及经济、军事、价值观、道德等多个维度的世纪大辩论。有个叫桓宽的官员把整个会议全都记录了下来，最后形成了一本有名的书——《盐铁论》。

根据《汉书·资治通鉴》等史料记载，“盐铁会议”从公元前 81 年 2 月开始，一直到同年的 7 月才结束，历时长达 5 个月之久。这可能是中国历史上最长的一次会议，从春节后开学一直吵吵到放暑假。

在这里，我们仅仅关注盐铁会议中有关于经济问题的部分，在此次大辩论的经济主题中，贤良文学、御史大夫桑弘羊双方争论的焦点主要集中在两个方面：

焦点 1：朝廷的盐、铁政策是否合理

汉代时期，包括盐、铁在内的很多生活物资，都实行“均输”、“平准”政策。

当时，各郡小国每年都会给汉朝中央进贡当地土特产，包括什么土鸡蛋、土猪肉、板栗等东西。这些本也不是什么珍稀产品，如果要运输到京城皇宫，不但运输成本高，还可能在半路就坏掉了，得不偿失。

于是汉朝廷就决定，各地特产干脆别拉进京城，中央派个人在当地接收特产，然后直接在当地农贸市场卖掉，然后用这部分钱购买一些当地特有的丝绸、羊皮等高价值商品，利用官方物流运到全国其他地方出售。

这就是桑弘羊制定的所谓“均输”政策，朝廷派出的这个人就被称为“均输官”，至于为什么用“均输”这两个看起来有点不相关的字，那就只有桑弘羊知道了。

“平准”就跟字面意思一样，大致“保持平衡、标准价格”之意，朝廷派出“平准官”驻扎在当地，如果看到当地某样商品价格特别低，就以政府的名义大量收购囤积。

如果出现这种商品价格很高，平准官又会低于市场价格卖出囤积的产品，目的是为了稳定市场价格，但其实操作起来，经常会出现低买高抛。因为抛售的时候，并不是当初朝廷收购的价格，这一买一卖之间，朝廷就赚取了大量利润。

焦点 2：是否应该重农抑商

到底是商业重要，还是农业重要。贤良文学们和桑弘羊也有着不同的看法，双方依然是各不相让。

贤良文学认为，商人里有不少人弄虚作假，所以认为商业百害无一利，他们认为，正是有了商业，很多农民变得有钱，变得奢侈浪费、好逸恶劳，也不再从事农业生产，男男女女天天喜欢打扮、弹琴饮乐。

所以，贤良文学认为社会发展、财富增加还是要依靠农民从地里种出东西，而不是靠那些商人买进卖出来增加社会财富。这其实就是彻底的“重农轻商”的思维模式。

桑弘羊还说，其实自然界产出的东西完全够我们吃穿用度了，但为什么还有一些人觉得生活困难呢？这就是因为缺乏商业，没有将全国的物资足够好地流通起来，产出的东西没有办法卖钱。

桑弘羊又说：“农民在种田，工人在作坊里做产品，他们和商人做生意，将粮食、产品变为银子。按照你们不需要商业的观点，那农民岂不是连农具都没有办法买到了，还得自己造犁头吗？”

当然，类似争论其实经济学界早期就有了，这就是“重农主义”和“重商主义”之争。

经济学家魁奈是“重农主义”创始人。他认为土地生产物才是各国收入及财富的唯一来源或主要来源，重农主义者认为财富是物质产品，财富的来源不是流通而是生产。

而“重商主义”的带头大哥是《国富论》的作者亚当·斯密。他认为商业可以促进经济发展，因为可以形成货币、商品的流通，贸易让市场的每个人都会变得更好，而且各司其职、分工明确，可以让效率更高，人们更容易做好自己擅长的事情。

现在看来，亚当·斯密的观点才是比较靠谱的经济思维方式，如果没有商业体系，农民种出来的东西只有自己吃而无法出售，也就无法获得其他物品，那么生活谈何改善呢？

整个会议期间，民间代表队的贤良文学发言148次，御史大夫桑弘羊发言114次，而丞相车千秋发言最少，只问了两个问题。

虽然他们的观点现在看起来并不是太先进，但我们不得不给这些儒生点赞，因为他们并没有只坐在书斋里两耳不闻窗外事，而是心怀天下、关注百姓。

会后，虽然桑弘羊象征性地修正了某些经济政策，但儒生们提出的焦点问题如平准、均输等，依然没有得到解决。

这当然不能怪桑弘羊，他并没有最终决定权，汉王朝当时国家财力趋弱，要是再放弃大量专营垄断项目，国库将会出现亏空，所以这场争论也只能停留在学术范畴内，对改变现实的意义并不大。

而且，桑弘羊本人也没有逃过宫廷复杂的权力游戏。盐铁会议后第二年，就发生了燕王旦与昭帝争夺皇位的斗争，历史上称之为“燕王之变”，桑弘羊也被牵连到这一事变中，全家被霍光处死。

事实上，盐的专营也并不是桑弘羊的发明，而是由经济大牛管仲首创，管仲颁布法令将齐国的山、海、林、地统统纳入政府管辖，政府统一伐木、煮盐、挖矿。齐国由此获得了大量财富，齐国也由此快速成为强国，这也是中国历史上第一次“食盐专营”，也是第一次实行的行业垄断。此后千年，食盐一直处于政府授权经营状态。

2017 年 1 月 1 日，国务院开始正式实施《盐业体制改革方案》，废除了食盐专营和政府定价，放开盐价、取消食盐准运证，允许企业自主经营食盐，几千年的食盐专卖制度由此而终结。

第二十一章

哈耶克大战凯恩斯

经济学界吵架是常有的事情，经济学家和市井中人吵架目的其实都是一样，那就是否定对方的观点，告诉对方，自己的观点才是正确的。

20 世纪 30 年代，整个世界处于史上最严重的经济大萧条，面对突如其来的经济危机，全世界的经济学家都开始寻找原因，随之而来的就是不同经济观点间的争辩和交锋，其中最为针锋相对的是凯恩斯和哈耶克。

前面讲过，凯恩斯是宏观学派的创始人，主张政府要在合适的时刻，出手制定政策调控市场，以此让市场尽快回到正轨上。所以凯恩斯认为：国家干预经济，可以弥补市场固有的缺陷，可以促进经济发展、人民幸福。

这次跟他吵架的是一位年轻的经济学家哈耶克，他是奥地利经济学派的重要成员。这是一个新崛起的经济学流派，是边际效用学派的一个重要分支，由于他们基本都在奥地利的维也纳，所以也被称为奥地利学派、维也纳学派、心理学派 。

奥地利学派的代表哈耶克认为：市场有自我调节的功能，国家对经济的干预只会带来更多的混乱，财政刺激和国家福利，其本质是对市场秩序、私有私产的粗暴践踏，必然滋生更多的浪费和腐败。

一个是经济学界的泰斗级人物凯恩斯，一个是锋芒毕露的后起之秀。两个人吵架的点非常简单，总结起来就是一句话：政府到底该不该干涉市场。

两个人的观点针尖对麦芒，完全没有一点让步的空间，就像2000多年前的“盐铁会议”一样，谁也不给谁面子。他们在多个场合有数次激烈的交锋。

哈耶克与凯恩斯的第一次会面是在1928年由伦敦经济学院和剑桥大学共同主办的一次学术会议上，会议讨论的主题是“商业周期”，地点在伦敦经济学院。一见面，这两位都超过1.83米的高个子经济学家之间就发生了激烈的争辩。

二人论辩的主题是“自然利率”在市场运行中的作用，所谓“自然利率”，就是理论上“存款”等于“投资”的时候市场稳定的利率。而“市场利率”指的是银行自己决定的利率。

凯恩斯：咱们聊聊“自然利率”和“市场利率”吧。

哈耶克：您是前辈您先请。

凯恩斯：我觉得这两者出现背离，是因为商业周期造成的。

哈耶克：什么商业周期，这就是美国政府在中间搞事情。

凯恩斯：我相信政府和银行手里握着治理商业周期的药方。

哈耶克：我还不知道你吗，你认为啥问题都得靠政府。

凯恩斯：我觉得政府的介入可以提高需求、提升经济。

哈耶克：政府介入短期看似有效，长期是对经济的伤害。

凯恩斯：政府的初衷是解决危机。

哈耶克：但他们这样实际是在制造危机。

凯恩斯：我赞同政府主导市场。

哈耶克：我坚持市场自由。

第一次交锋，由于哈耶克太年轻，经验太少，再加之哈耶克说英语的时候地方口音太浓，很多人根本听不清他在说什么，所以，这次大致上是凯恩斯赢得了这次辩论。

1931年，此时哈耶克已经到伦敦经济学院工作，结果不是冤家不碰头，两个人居然又在一次讲座上遇到了，伦敦经济学院的哈耶克信心满满地第二次迎战剑桥大学的凯恩斯。

这一次哈耶克准备得更充分，面对大名鼎鼎的凯恩斯毫无惧色，两人经过多场的唇枪舌剑，难分胜负，哈耶克精彩的表现和犀利的观点，赢得现场观众多次经久不息的掌声，人们开始重新打量这个经济学界的年轻人。

这一次，虽然凯恩斯感受到这个年轻人的激情和斗志，但是依然没有把这次争辩当一回事。这样的情景凯恩斯实在是见得不少，所以没有放在心上。

结果，他们第三次以另外一种方式杠上了。

1931 年 5 月，哈耶克在伦敦经济学院学报《经济学刊》上发表了 26 页的书评文章，激烈批评凯恩斯《就业、利息和货币通论》中的问题和错误。这可是凯恩斯的成名作，但哈耶克同学对这本书的批评却毫不留情。

哈耶克年轻气盛，在整篇文章言辞犀利，而且充满了火药味，不但批评凯恩斯学术观点有问题，而且还对凯恩斯进行人身攻击，对经济学界德高望重的凯恩斯如此无礼，这下彻底激怒了凯恩斯。

凯恩斯终于怒火冲天，在报纸上发表了《对哈耶克博士的回复》的文章，以此作为回应。这下他再也没有礼貌和客气，批评哈耶克非常愚钝、自作聪明，还顺带指出其所在的奥地利学派不思进取、顽固守旧。

这三次交锋，从礼貌客气到斯文扫地，把学术批评、人身攻击都用上了，最终还是没分出胜负。

凯恩斯此时正是经济学界的红人，因为在美国经济大萧条后，凯恩斯主义经济学理论正好适用，整个西方世界都采用凯恩斯理论，很多首相也承认是凯恩斯的粉丝。

但凯恩斯学说也并非一直管用。 50 年后的 1973 年，全球爆发了“石油危机”，西方各国出现了一次比大萧条更为严重的经济衰退，这一次，凯恩斯经济学似乎完全失灵，各个国家开始质疑凯恩斯的正确性，凯恩斯学说一度被抛弃。

哈耶克所在的奥地利学派却越来越受到人们的重视，《通往奴役之路》《自由宪章》和《致命的自负》让他名满天下，也奠定了其在学术界不可动摇的地位。

1974 年，哈耶克获得了诺贝尔经济学奖，这场世纪之辩才落下帷幕。

第二十二章

北大朗润园的产业政策之辩

1. 北大教授的对战

2016年11月9日下午，天气微微透着几分寒意，但北京大学未名湖畔的朗润园却热闹非凡，北大的两位重量级经济学教授林毅夫和张维迎的在此展开论辩。

尽管二位大师级经济学家分歧颇大,但实际上也不乏相同点，例如都认可市场经济的重要性，都反对照搬西方理论。经济学家林毅夫倾向凯恩斯学派，而另一名经济学家张维迎却力挺奥地利学派。

他们都是北大教授，甚至还在同一个学院执教，在这次面对面的辩论之前，他们在媒体上已经有过多次交锋。

早在8月21日，北大教授林毅夫发表了题为《经济发展有产业政策才能成功》的文章。他表示，中国只能用产业政策，才能追上发达国家。

仅仅只过了四天，他的同事张维迎教授就发表了名为《为什么产业政策注定会失败》的主题演讲。张维迎教授认为，林毅夫教授所提出的所谓的“产业政策”不过是穿着马甲的计划经济而已，发展产业政策也就是在重提计划经济。

这里先解释一下什么是产业政策。通俗地讲，产业政策就是国家为了把某个行业发展起来，采取明显的资金、政策偏向，集中人力、物力、政策等重点去发展某个行业。

比如最近几年的太阳能、风电、新能源汽车等行业政策，都属于产业发展政策，目的是利用相关资金和政策力量，让这些行业在国家帮助下快速发展。

双方开战之后，其刀光剑影互不相让，张维迎随后又公开发表了文章——《林毅夫的四点错误》，文章里不但直接点出了对方名字，还公开指出了林毅夫理论之中的四个错误，并提出了反对理由。

第一，林毅夫认为过去中国的成功经验可以复制是错误的。张教授认为，中国过去 30 年的成就，恰好是因为政府管得越来越少。

第二，林毅夫强调“经济发展要利用比较优势，要充分发挥政府的作用来利用比较优势”的论断是错误的。张维迎教授认为这存在逻辑上的矛盾，也与历史上的经验不相容。

第三，林毅夫教授认可的产业政策与企业家精神是矛盾的。张教授认为，社会进步和人类富有需要依靠技术创新和技术进步，技术创新和技术进步的来源是企业家和企业家精神。

第四，林毅夫认为“政府为了推行赶超战略，不得不扭曲体制”是错误的。张教授认为，一旦实施了产业政策，企业家精神就会遭遇打压，个人权利和市场的就会被否定。

随后，林毅夫也毫不示弱，开始发起反击，又很快发表了点名文章——《回应张维迎指出的四点错误》。林毅夫在文章中又对张维迎的观点一一进行了反驳。

双方唇枪舌剑，火药味十足，而整个经济学界也是一片热闹，不少经济学家也开始加入论战，发表各自对产业政策的看法，整个经济学界硝烟味十足。

经济学家吴敬琏认为，通过行政的手段对产业结构进行调整，往往会导致经济结构的扭曲更加突出，发挥市场在资源配置中的决定作用才能解决问题。

经济学家许小年认为，当产业政策的必要性与合理性所依赖的两个关键假设前提都不成立时，对产业政策的持久迷信与热衷就只能解释为计划经济的惯性，或者部门利益的驱使。

北大国家发展研究院副院长黄益平认为，中国自从改革开放以来，经济取得了惊人的成就，但产业政策方面也一直在多方面尝试，这些政策不少，但很多时候，造成一窝蜂上的局面，效果反而不佳。

最后，辩论愈演愈烈，国家政府部门不得不站出来表态度。9月14日，国家发改委新闻发言人赵辰昕称，产业政策对我国的发展发挥了至关重要的作用，发改委正在认真评估当前的产业政策。从国际情况看，不同发展阶段的各个国家都在运用产业政策，至此，两位北大教授之间的经济学辩论才算暂告一段落。

2. 产业政策的回顾

中国的第一次产业政策，应该是从 1983 年国务院发布的《关于抓紧研制重大技术装备的决定》开始；1994 年，国务院发布的《汽车工业产业政策》；2015 年，国务院发布了《中国制造 2025》产业政策。

很多人认为当年日本的成功正是因为产业政策的原因，甚至给出了很多数据表明日本在产业政策的帮助下，走上了强国富民的道路，但是事实真的如此吗？日本的富强真的是因为产业政策吗？

事实可能未必如此。诺贝尔经济学奖的获得者加里·贝克尔曾经有比较详细的阐述，他 1993 年给当时的美国总统克林顿的一篇文章，题目就是《日本的强大，并非源于产业政策》。

他在文章中提出，日本研究开发方面，有 70% 的资金来自民营行业，这个比例比英国、法国、美国等发达国家还要高。所以贝克尔认为，大家对日本的产业政策过分渲染，其实日本根本不是靠政府主导的产业政策发展起来的。

应该说，每个国家的发展战略和路径不尽相同，所以，很难完全复制另外一个国家的模式。1994 年，中国发布的《汽车工业产业政策》，将中国的汽车产业支持提高到了国家的战略高度，虽然目前国产汽车有很大发展，但现状跟当初的设想似乎有不小差距，汽车核心技术依然需要继续努力。

2009年3月，中国再次开启新能源汽车的产业政策，国务院下发《汽车产业调整和振兴规划》文件，首次提出新能源汽车发展目标，启动国家节能和新能源汽车示范工程，由中央财政安排资金给予补贴。

在该政策下，确实涌现了一批不错的国产新能源汽车，例如"蔚来""小鹏""比亚迪"等品牌，但同时也带来了一些其他问题，因为这次的新能源汽车产业政策过于强调"补贴"，在利益的驱动下，出现了某些汽车企业无心研发，心思多花在争取补贴上面。

产业政策初衷都是美好的，但需要对实施过程全程跟踪和监控，过去的经验告诉我们，一定要避免"运动式"的产业发展模式。我们不能因为产业政策中出现了很多问题，就否定产业政策，那么如果要实施产业政策，怎么才是好的产业政策呢？

好的产业政策需要因地制宜，不同国家，有不同的背景和产业状况，所以可能需要制定不同的产业政策。如果把产业政策进行分类，那么应该分为"功能性产业政策"和"选择性产业政策"。

"功能性产业政策"的出发点就是不针对任何具体的企业，而是着眼于这个行业，国家出钱升级完善该行业的人才培训体系、技术研发专利、市场产业链、法律环境、产权保护等。

以新能源汽车产业政策为例，即不补贴企业，而是着眼于强化新能源汽车领域的技术人才、设计人才、基础建设、物流完善、专利保护，当然还包括汽车工业基地打体系化的打造。这个实施起来见效比较慢，但是长久效应比较明显。

而"选择性产业政策"补贴企业这样的方案比较常见，因为这个见效比较快，重点挑选一个行业、挑选几个企业，采用直接补贴、减少税收等形式支持企业，以达到扶持、保护部分企业。这个实施起来立竿见影，但风险也比较大，因为对行业、企业发展潜力的判断可能会出现偏差。

所以，简单地说，“功能性产业政策”不直接针对任何实际的企业而是针对行业，而“选择性产业政策”却是直接作用于选定的几个目标企业。

而前面谈到的日本产业政策，大多数以“功能性产业政策”为主，他们更着重关注这个行业的人才、整体实力的提升，这也是我们在制定产业政策时可以参考的案例。

出 品 人：许　永
出版统筹：海　云
责任编辑：许宗华
特邀编辑：林园林
责任校对：雷存卿
封面设计：海　云
版式设计：万　雪
印制总监：蒋　波
发行总监：田峰峥

投稿信箱：cmsdbj@163.com
发　　行：北京创美汇品图书有限公司
发行热线：010-59799930

创美工厂
微信公众平台

创美工厂
官方微博